ソーシャルイノベーションの教科書

災害に強いレジリエント社会を創る

「レジリエンス人材」育成プログラム開発チーム［編］

ミネルヴァ書房

はじめに

国連防災機関の報告によると、二〇〇〇〜二〇一九年の二〇年間に、世界全体で七三四八件の大規模自然災害が発生し、一二三万人の命が失われ、被害総額は二兆九七〇〇億ドルに上った。特に、気候変動の影響と思われる大規模災害の発生件数は六六八一件であり、一九八〇〜一九九九年の過去二〇年間の三六五六件から八二%も増大した（UNDRR 2020）。また、二〇二二年に発表されたGlobal Assessment Report on Disaster Risk Reduction 2022によれば、過去二〇年で年間三五〇回から五〇〇回の中規模・大規模な自然災害が起きており、今後、二〇三〇年までに世界全体で自然災害は一日一・五回発生し、年間で五六〇回に達するだろうと報告されている（UNDRR 2022）。

自然災害による被害の大きさは、自然現象の種類や規模だけでなく、社会のあり方によっても大きく異なる。過去二〇年の前と後とで明確に異なるのは、被災地域での貧困や気候変動、大気汚染、人口増加、都市増大化、生物多様性の損失等との相互作用が自然災害による被害を高めている点である（UNDRR 2020）。最近では、二〇一九年に報告された新型コロナウイルス感染症（COVID-19）の世界的大流行[1]との複合化により、大規模自然災害の対策が一層困難になってきている。

世界と同様に、日本もこれまでに多くの災害に見舞われてきた。一九九五年に阪神・淡路大震災、二〇一一年に東日本大震災、二〇一八年に北海道胆振東部地震が発生した。最近では、二〇二〇年に発生した令和二年七月豪雨（熊本豪雨）や、二〇二一年の伊豆山土石流災害、二〇二二年の七～八月にかけての集中豪雨による東北地方の河川氾濫など、そして二〇二四年元日の能登半島地震も記憶に新しい。

国連が定めた持続可能な開発目標（ＳＤＧｓ）の一七目標（United Nations 2015）のうち、目標1「貧困をなくそう」、目標11「住み続けられるまちづくりを」、目標13「気候変動に具体的な対策を」、目標14「海の豊かさを守ろう」（以上、外務省 二〇二二）に、強靱（レジリエンス）あるいは強靱性（レジリエント）という文言が何度も登場するように、「レジリエンス」という概念が注目されている。ここで求められる「レジリエンス」を実現する人材、「レジリエンス人材」には、新たなインフラの整備や災害対策としての技術開発だけではなく、「レジリエンス」を具備する社会を創るために、社会起業家のようなマインドを持って必要な事業・ビジネスを実行できる人材も含まれる。また、この人材には、ミントロム（Mintrom 2019＝2022）が指摘するように、近年注目されている「政策起業家」も含めてよいであろう。私たちは、このような人材が、今後ますます社会から必要とされるであろうと考え、防災・減災・復興促進とアントレプレナーシップ教育をかけ合わせた新しい教育プログラムとして「レジリエント社会の構築を牽引する社会起業家精神育成プログラム」（以下、レジリエンスプログラム）を開発、実施することとした。

本プログラムでは、アンドリュー・ゾッリとアン・マリー・ヒーリーの「レジリエンス」の定義（Zolli & Healy 2012＝2013）と創造的復興の考え方を基に、目指す育成人材像を「社会システムの脆弱性を読み解き、災害による変化を予測して、創造的価値を生む事業を創出・持続する人」と定義した。

アントレプレナーの基本的スキル・能力とともに次の五つの能力を兼ね備えることで、このような人材が「レジリエント社会の構築を牽引する人材」として防災・減災・復興促進に資する新規事業を設計・実装することができると考えている。

① 極度の状況変化による影響を予測する。
② 社会システムの脆弱性を見つける。
③ 問題を設定する。
④ 課題、解決策を設定する。
⑤ 社会的価値と経済的価値を両立する事業・ビジネスを立案する。

そして、阪神・淡路、東日本という二つの震災の復興プロセスを中心に、他地域の復興状況や防災の取り組みも見ながら、異なる地域特性や復興プロセスの時間的変化を理解し、社会システムの脆弱性を読み解いて創造的価値を生み出す事業を創出・持続できる人材育成を目指す。

レジリエンスプログラムは、二〇一九年度は被災地である神戸・宮城・北海道の三地域をそれぞれ三泊四日で周る集中合宿形式で、二〇二〇年度は完全オンラインによる一カ月間の集中講義・ワークショップ形式で、そして二〇二一年度は、英語を公用語として一カ月間の集中講義とワークショップ形式で実施された。本書は、この三回のプログラムを通じて開発した理論や教材、得られた知見等をまとめたものである。自然災害とレジリエンスについて、あるいは社会課題の解決方法について学びたい学生・社会人にとって教科書になるとともに、今後、私たちと一緒に活動してくれる未来のパートナーにとってのマニュアルとなることも企図している。

第1章では、先行研究事例のレビューから「レジリエンス」の概念やその歴史的な背景等について学ぶ。第2章では、自然災害による極度の状態変化が人や社会に及ぼす影響について予測する方法や事例について学ぶ。第3章では、「社会システムとその脆弱性」について、システム思考を使って理解を深める。第4章では、レジリエンスプログラムで独自開発した社会を俯瞰する枠組みを活用しながら、「問題」を定義し、その本質を捉える方法について学ぶ。第5章では、被災地域の事例研究を基に、「自助・共助・公助」やそれらの連携のあり方について理解を深める。第6章では、社会的なインパクトと事業継続性を同時に実現するビジネスプランの立て方について学ぶ。第7章では、レジリエンスプログラムで実施した北海道・宮城・徳島における被災地域あるいは被災想定地域でのフィールドワーク事例について紹介する。

自然災害の多い日本においては、自然の脅威のメカニズムを理解し、そして被災地域が経験してきた知恵・ノウハウを共有・共感し、伝承していくことは非常に重要である。その上で、今後の自然災害対策は、事前防災を含むプロアクティブな活動を通じて、「レジリエント社会の構築」を進めることが肝要であり、その実現過程で得られるノウハウは、前述の歴史的知見と合わせて世界の社会課題解決に貢献するものとなるはずであり、本書はその一助となることを切望してやまない。

二〇二四年三月

武田浩太郎

注

（1）二〇二三年三月一〇日現在、世界全体で感染者数が約六億七六〇〇万人、死者が約六八八万人（COVID-19 Data Repository by the Center for Systems Science and Engineering〔CSSE〕at Johns Hopkins University）。

参考文献

外務省（二〇二二）「持続可能な開発目標（ＳＤＧｓ）達成に向けて日本が果たす役割」外務省。

Mintrom, M.（2019）*Policy Entrepreneurs and Dynamic Change*, Cambridge University Press.（＝二〇二二、石田祐・三井俊介訳『政策起業家が社会を変える——ソーシャルイノベーションの新たな担い手』ミネルヴァ書房。）

UNDRR（2020）The Human Cost of Disasters: an Overview of the Last 20 Years（2000-2019）UN Office for Disaster Risk Reduction Geneva; Geneva, Switzerland（https://doi.org/10.18356/79b92774-en, 2024.1.8.）.

UNDRR（2022）Global Assessment Report on Disaster Risk Reduction 2022: Our World at Risk: Transforming Governance for a Resilient Future. Geneva, Switzerland（https://doi.org/10.18356/83cdc99a-en, 2024.1.8.）.

United Nations（2015）"THE 17 GOALS"（https://sdgs.un.org/goals, 2024.1.8.）.

Zolli, A. & A. M. Healy（2012）*Resilience : Why Things Bounce Back*, Headline Publishing.（＝二〇一三、須川綾子訳『レジリエンス 復活力――あらゆるシステムの破綻と回復を分けるものは何か』ダイヤモンド社。）

ソーシャルイノベーションの教科書——災害に強いレジリエント社会を創る

目次

はじめに

第1章　レジリエント社会を創るために……鶴田宏樹・祇園景子・石田　祐・三上　淳　1
1　災害に対するレジリエンスとレジリエント社会　3
2　レジリエント社会を創るための事業創出　10

第2章　極度の状況変化による影響を予測する
……………………………………鶴田宏樹・松下正和・大石　哲・大路　剛　25
1　極度の状況変化による影響を受けた社会を予測する　27
2　極度の状況変化による影響を受けた社会を複合的に捉える　40
3　新型コロナウイルス感染症（COVID-19）等の感染症との複合災害を予測する　49

第3章　社会システムとその脆弱性
——システム思考で原因を探索する……………………………………祇園景子　63
1　システム思考　65
2　システムアーキテクチャ　76
3　因果ループ　81

4　社会システムの脆弱性　84

第4章　問題を設定する……………………………………鶴田宏樹　91
——レジリエント社会と極度の状況変化による影響を受けた社会とのギャップ
1　問題とは何か　92
2　問題の本質を捉えられない時とは　95
3　問題の本質の捉え方　100

第5章　レジリエント社会における三助の役割……………石田　祐・友渕貴之　109
——眼前の課題と三助の脆弱性の克服
1　補完性の原理とその適用　111
2　市民生活と自助・共助・公助　115
3　都市と地方の環境の差　120
4　事業・ビジネスにおいて三助を考慮する　125

第6章　なぜ社会問題をビジネスで解決するのか…………三上　淳　131
——持続的な問題解決の実現
1　社会問題の解決方法を考えてみる　132

2　社会問題をビジネスで解決するためのフレームワーク　140
3　ビジネスアイデアを創出するコツ　150
4　アイデアの形が整ったら……もう一回チェック！　173
　――レジリエンスビジョンと再照合する

第7章　災害地フィールドワーク
　……………加藤知愛・友渕貴之・阿部晃成・金井純子・北岡和義・齊藤誠一　177
1　災害地でフィールドワークを実施する時の心得　179
2　北海道厚真町・安平町でのフィールドワーク　183
3　東日本大震災におけるフィールドワークと復興事例　195
4　未被災地である徳島県徳島市でのVRフィールドワーク　210
5　災害心理　218
6　既存の価値に依存せずにフィールドワークで得たものと向き合う　223

おわりに
索　引

第1章　レジリエント社会を創るために

鶴田宏樹
祇園景子
石田　祐
三上　淳

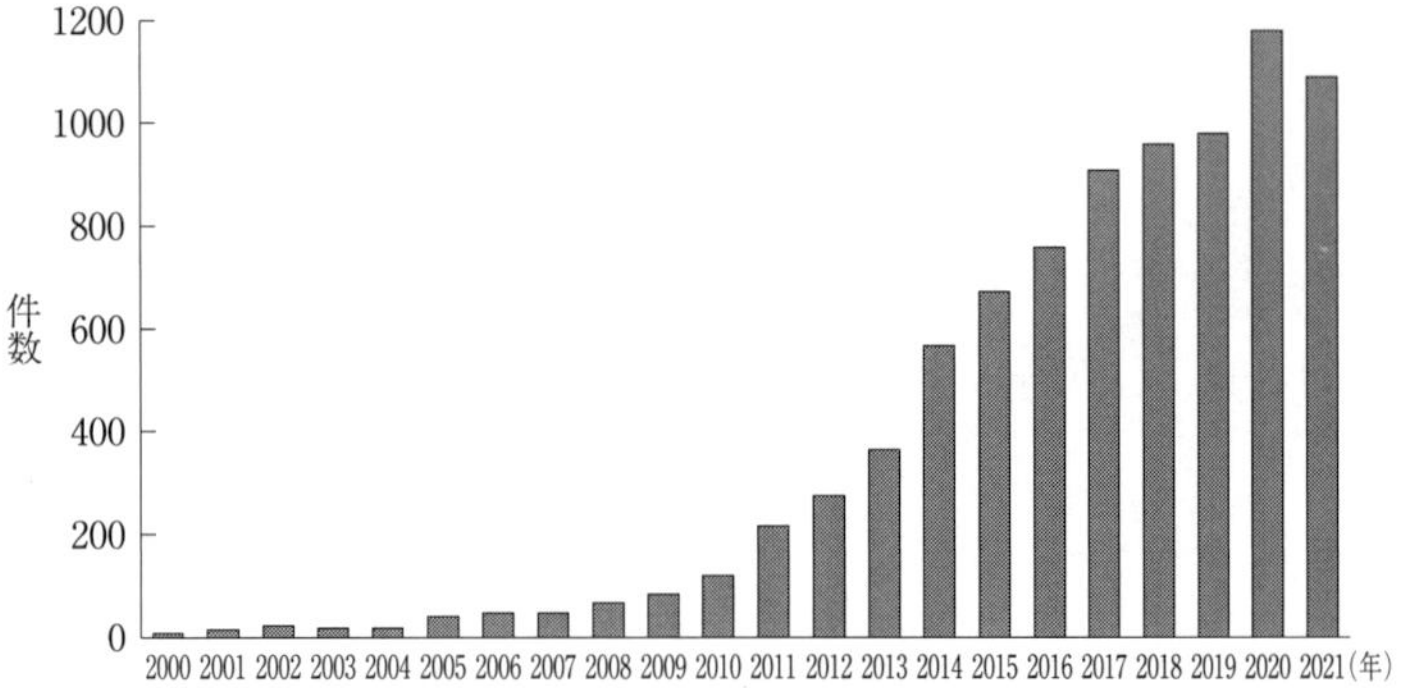

図1－1　Google Scholarでの「レジリエンス」のヒット件数
出所：筆者ら作成（2021年12月時点）。

レジリエンスという言葉が頻繁に用いられるようになったのはこの一〇年ほどで、その用語が現れる記事や論文が増加していることが図1－1からもわかる。元来、「跳ね戻る（jump back）」という意味のラテン語「resilio」に由来し、日本語訳には弾（力）性、回復力、復元力、強靱性などがある。心理学では、個人が困難な状況において、うまく適応する過程や能力および適応の結果のことで、精神的回復力のことをいう。材料工学では、負荷をかけられた物質が壊れたり変形せずに、元の状態に戻る能力のことを指す。また、生態学では、生態系がハリケーンや火山噴火などの自然現象あるいは環境汚染などの人的影響などによって損傷を受けた後に、通常の物質循環やバイオマス生産を維持し続ける能力をいう。

レジリエンスは、災害の分野だけでなく、精神医療、機械工学、生態学、社会システム工学など様々な分野で用いられ、その定義が一意であるわけではない。本章では、本書におけるレジリエンスの定義を説明し、災害に対するレジリエント社会を創るために必要な五つのスキルについて解説する。

1　災害に対するレジリエンスとレジリエント社会

（1）レジリエンスの研究の変遷

健康科学の研究者であるグレン・リチャードソンは、二〇〇二年に発表した論文（Richardson 2002）の中で、一九五〇年代から始まったレジリエンスに関する研究には三つの大きな潮流があったと述べている。

第一の潮流では、不都合な環境の中で人が成長するために必要な資質を探求するもので、例えば、自尊心や自己効力感などがレジリエンスの資質として規定された。レジリエンスは個人がもっている性質であると考えたのである。

第二の潮流は、規定されたレジリエンスの資質を獲得するプロセスを追求するものであった。レジリエンスとは、個人や集団が心理的に体験する崩壊と再統合の過程であり、逆境に対処する中で、困難な状況やストレスからの立ち直りを促す因子を獲得することができると考えるものであった。

そして、第三の潮流は、学際的にレジリエンスを概念として定義しようとすると同時に、混乱から再統合する過程では、何らかの形の原動力となるエネルギーが必要であることが明らかとなった。そして、このような研究によってレジリエンスとは、逆境や混乱を乗り越えて人を成長させる力であると考えられるようになった。

(2) 災害におけるレジリエンス

前節で述べた通り、レジリエンスは心理学において個人や集団に備わっている性質、過程、概念として扱われていたが、社会、経済、政治などにも適用され、防災・減災や復旧・復興においてもレジリエンスの概念が取り入れられるようになった。ティマーマンは災害に対する社会のレジリエンスを定義した初期の研究者の一人であるが、彼以外にも多くの研究者によって定義され、レジリエンスの概念が進展してきている（表1－1）。

これらの定義には、被害を小さくすることとその被害から回復することの二つの側面について言及しているものが多い。また，災害前と同じ社会構造や体制を維持することが必要であると捉えている印象を受ける定義もある。次節で詳しく説明する「創造的復興」は，災害が発生する前と復興後が全く同じになる必要はなく，被害を受ける前とは違う新しい価値を持つ社会へ回復する必要性を示している。災害前と復興後で維持する必要があるのは構造や体制ではなく，ゾッリとヒーリーの定義にある社会の基本的な目的や健全性ではないだろうか。そこで本書では，レジリエンスを「システム・企業・個人が極度の状況変化に直面したとき，基本的な目的と健全性を維持する能力」（Zolli & Healy 2012＝2013）という定義を採用することにする。

（3）災害に対するレジリエンスの概念モデル

災害に対するレジリエンスの定義には，被害を小さくすることとその被害から回復することの二つの側面について言及しているものが多い。すなわち，被害を受けるフェーズと回復するフェーズが存在し，それらをグラフで表すと図１－２（８頁）の左上の「０．非レジリエント社会」に示すようになる。システム・企業・個人が機能を発揮して目的を果たしている平時の状態が，発災によってダメージを受け，それらの機能は低下する。そし

表1－1　レジリエンスの定義

著　者	定　義
ホリング (Holling 1973)	システムの永続性および変化や攪乱を吸収し，なおかつ個体群や状態変数の間に同じ関係を維持する能力を表す尺度。
ティマーマン (Timmerman 1981)	災害を吸収し，そこから回復するシステムの能力を示す尺度。
ウィルタヴスキー (Wildavsky 1988)	予期せぬ危機が顕在化した後，それに対処し，立ち直る力を身に付けること。
ホリングら (Holling et al. 1995)	システムが摂動を吸収あるいは緩衝する能力で，変数を変化させてシステムがその構造を変える前に吸収できる外乱の大きさである。
ホーンとオル (Horne & Orr 1998)	個人・グループ・組織・システム全体が持つ基本的な性質で，予想される事象のパターンを破壊する重大な変化に対して，長期間にわたって逆行する行動を取ることなく，生産的に対応できること。
ミレッティ (Mileti 1999)	災害に対する地域の回復力とは，地域社会が外部から多くの支援を受けることなく，壊滅的な損失，損害，生産性の低下，生活の質の低下を被ることなく，異常な自然現象に耐えることができること。
コンフォート (Comfort 1999)	既存のリソースやスキルを新しいシステムや運用条件に適応させる能力。
パトンら (Paton et al. 2000)	自己回復，学習された臨機応変さ，成長，個人の能力とこれまでの経験から予測されるよりはるかに大きなレベルで心理的に機能する能力の能動的なプロセス。
ケンドラとワクテンドルフ (Kendra & Wachtendorf 2003)	特異な事象やユニークな事象に対応する能力。
カルドナ (Cardona 2003)	被害を受けた生態系や地域社会が，負の影響を吸収し，そこから回復する能力。
ペリング (Pelling 2003)	主体が危険なストレスに対処または適応する能力。
ウォーカーら (Walker et al. 2004)	本質的に同じ機能，構造，アイデンティティおよびフィードバックを維持するために，変化を受けながら攪乱を吸収して再編成するシステムの能力。

著　　者	定　　義
UNISDR（2009）	ハザード（危険）にさらされたシステム・コミュニティ・社会が，それらの本質的な基本構造や機能を保全・修復することで，ハザードの影響に対して適時かつ効率的に抵抗・吸収・調整・適応・変容・回復する能力。
DFID（2011）	地震，干ばつ，暴力的な紛争などのショックやストレスに直面しても，長期的な展望を損なうことなく生活水準を維持または向上させ，変化に対応する国・コミュニティ・家庭の能力。
アルドリッチ（Aldrich 2012=2015）	（共同社会レベルにおいて）連携した働きかけと協力し合って行う活動を通じて，災害などの危機を切り抜け，効果的で効率的な復興に取り組むための地域が持つ潜在能力。
IPCC（2012）	システムおよびその構成部分が，それらの本質的な基本構造および機能の保全・修復・改善を確保することで，危険な事象の影響に対して適時かつ効率的に予測・吸収・適応・回復する能力。
European Commission（2012）	個人・家庭・コミュニティ・国・地域が，ストレスやショックから耐えて，適応して，素早く回復する能力。
ゾッリとヒーリー（Zolli & Healy 2012=2013）	システム・企業・個人が極度の状況変化に直面した時に，基本的な目的と健全性を維持する能力。
FSIN（2014）	ストレスやショックが長期的に成長・発展へ悪影響を及ぼさないようにする能力。
European Commission（2020）	困難に耐えて対処する能力だけでなく，持続可能で公正かつ民主的な方法で移行を進めることができる能力。

出所：筆者ら作成。

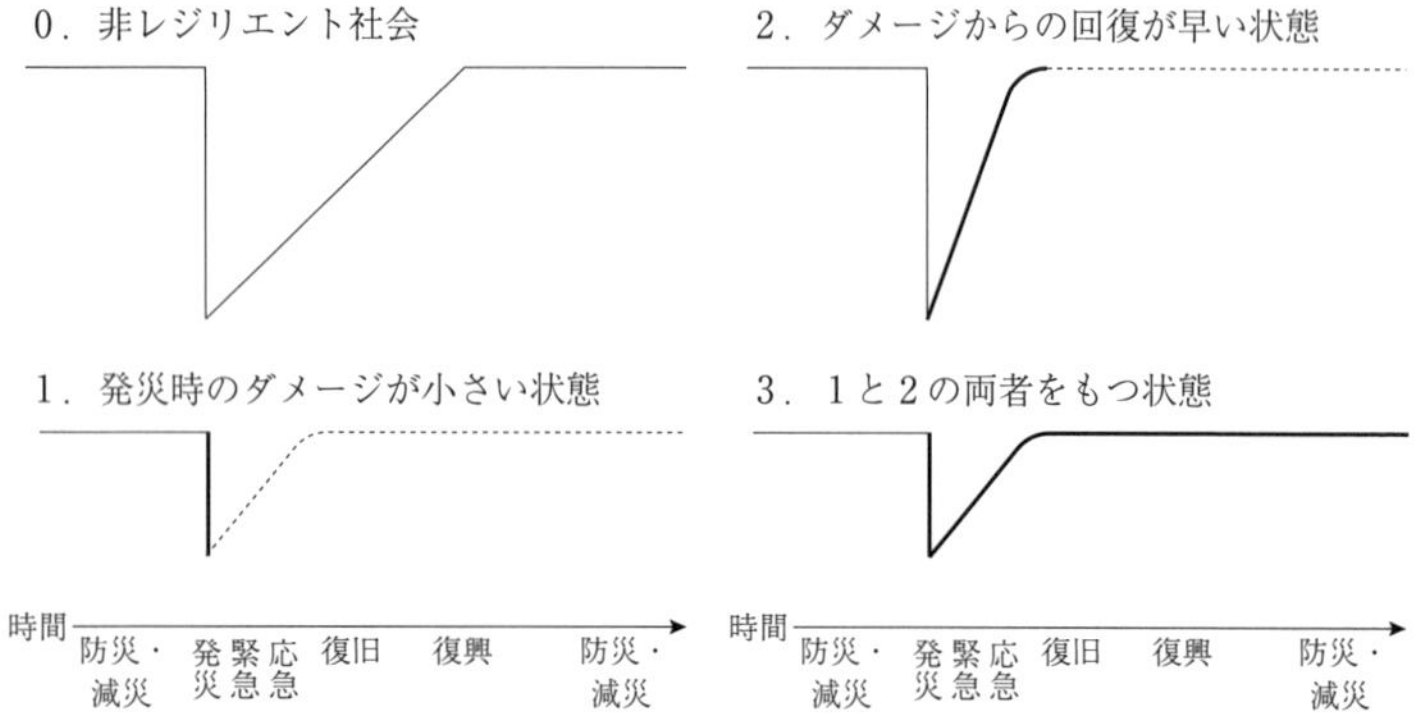

図1-2　災害に対するレジリエンスの概念モデル

出所：林（2016）の図を基に「レジリエンス人材」育成プログラム開発チーム作成。

て、時間を経て回復していくことを表している。

レジリエンスが向上した状態も同様のグラフで表すことができる。ただし、レジリエンスを向上させるには二つの方策がある（林 二〇一六）。一つは、予防力の向上である（図1-2（左下））。ダメージを受けないように個々の要素を強靱化し、システムを多重化したりすることで機能損失を防ぐ方法である。もう一つは回復力の向上である（図1-2（右上））。資源をできるだけたくさん集め、個々の仕事に要する時間を短縮する方法である。そして、予防力と回復力の両者を合わせ持つことで（図1-2（右下））、さらにレジリエンスを備えた社会を創ることができると考えられる。

ここで、この概念モデルは発災前の状態に戻ることを表していることに留意したい。私たちの社会は災害によって受けたダメージから回復する時、元の状態よりもさらにレジリエンスを備えた社会を創ることができる。それは、骨折して回復した時に、その骨が以前よりも丈夫になることがあるように、あるいは、割れた茶碗を金継ぎして修復すると、その茶碗が以前よりも美しくなることがあるように、ダメージから回復することで、発災前とは違う価値を持った社会を創ることができる。したがって、災害に対するレジリエンスの概念モデルを図1－3に示すように、時間、機能、価値の三軸グラフで表すこともできる。ダメージがなければ、グレーの矢印のように時間を経て発展していくだろう。

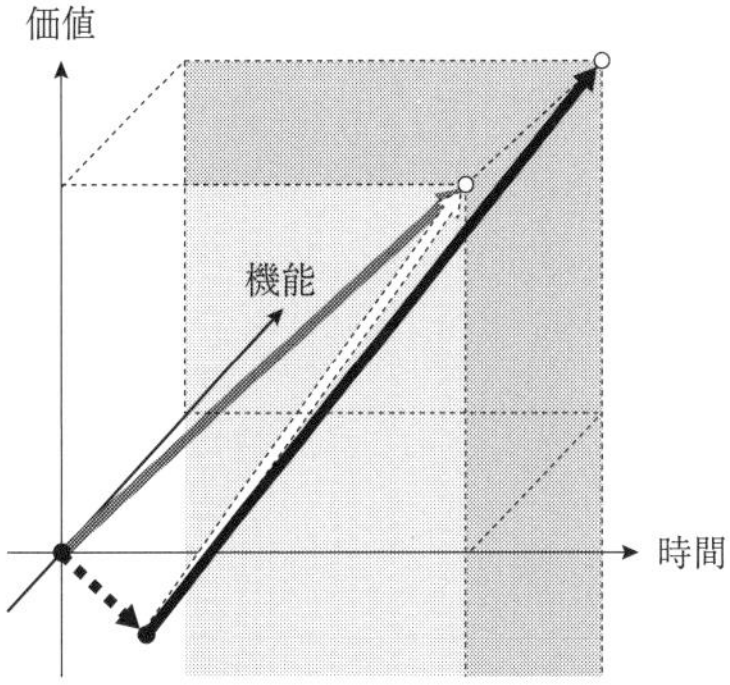

図1－3　社会の時間・機能・価値
出所：「レジリエンス人材」育成プログラム開発チーム作成。

しかし、発災によるダメージで、点線の矢印で示すように機能も価値も低下した時、白抜きの矢印の矢印の先を目指して回復するのか、あるいは、グレーの矢印の延長上にはない異なる機能と異なる価値を持つ社会へ到達させることもできる（黒色の矢印）はずである。発災によって「生活空間が地震・津波の高いリスクに晒されていたことが

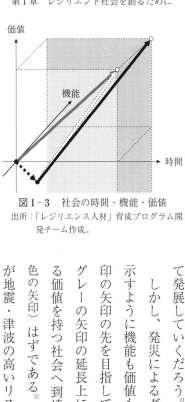

明らかとなった以上、以前よりも良い形での再生」（浜口 二〇一三）を目指し、「新たな地域の歴史を作る営み」（林 二〇一二）を促すこと、すなわち「創造的復興」の考え方が未来のレジリエント社会の実現に重要となる。

2 レジリエント社会を創るための事業創出

「レジリエント社会を創る」というと、とても大きなことをやってのけなくてはならないように聞こえるが、そのようなことはない。一つひとつの事業・ビジネスが少しずつ積み重ねられることでレジリエント社会が創られるとイメージしてほしい。ひとたび災害が発生してダメージを受けたとしても、複数の活動が網の目のように張り巡らされていることで、社会は基本的な目的と健全性を維持することができる。

例えば、隣の家が火事になったら、消防署に連絡をして消火活動をしてもらうが、消防車が到着するまでに近所の人たちでバケツリレーをしたり、逃げてきた人たちの手当てをしたりするだろう。あるいは町の消防団が消火活動を担ってくれる場合もあるだろう。このように、小さくても一つひとつの対策が災害による被害の拡大を抑えることにつながり、それらが社会全体をレジリエントな状態にすることに寄与する。本節では、レジリエント社会につながる事業・ビジネスとはどのようなものなのかを考えるプロセス、すなわち事業・ビジネス立案の手順を解説する。

（1）レジリエント社会を創るための事業・ビジネス創出プロセス

イノベーションやアントレプレナーに関する教育が注目される中、様々な新規事業創出プロセスについての解説を目にする機会が増えた。経営学者の山田幸三は、事業創造のプロセスを五つのフェーズに分けて説明している（山田 一九九九）。すなわち、事業のアイデアを獲得し（フェーズ1）、それを事業のコンセプトに練り上げ（フェーズ2）、事業構想を具体的な事業計画に落とし込み（フェーズ3）、事業に必要な資金や技術を獲得し（フェーズ4）、必要な人材を採用して、事業を創造するための組織を編成する（フェーズ5）という一連の流れによって、事業を生み出すことができるとしている。一方、レジリエント社会を創るための事業創出の場合、山田が示す五つのフェーズとは別にレジリエント社会を創るための方策を検討するフェーズが必要となる。

そこで、災害に対するレジリエント社会を目指した事業創出のプロセスを図１－４に示

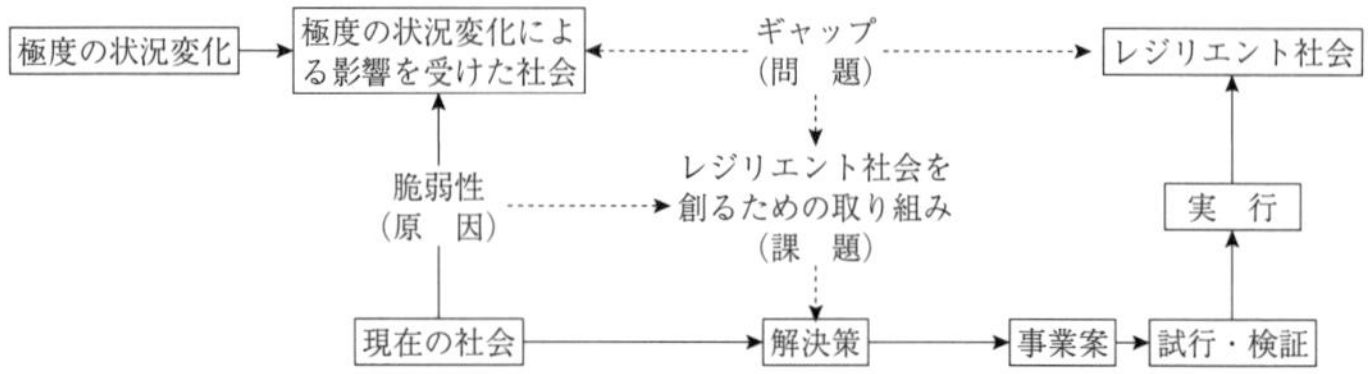

図1-4　レジリエント社会を創るための事業創出プロセス

出所：図1-3と同じ。

す。ここでは、極度の状況変化に直面した時に、基本的な目的と健全性を維持することのできる社会を「レジリエント社会」、特定の場所で特定の強度で発生する地震や噴火、豪雨、感染症などで引き起こされる変化を「極度の状況変化」、地震や豪雨などによってダメージを受けた社会を「極度の状況変化による影響を受けた社会」と呼ぶことにする。「レジリエント社会」「極度の状況変化による影響を受けた社会」「現在の社会」という三つの社会の状態と、「現在の社会」から「極度の状況変化による影響を受けた社会」および「現在の社会」から「レジリエント社会」へ移行する二つのプロセスを包括的にかつ個別的に検討するために、次のような段階があることを理解しておくと考えやすくなるだろう。

① レジリエント社会を描く。

② 極度の状況変化による影響を受けた社会を予測する。

③ 極度の状況変化による影響を受けた社会と現在の社会を比較して社会システムの脆弱性（原因）を読み解く。
④ レジリエント社会と極度の状況変化による影響を受けた社会を比較して、ギャップ（問題）を設定する。
⑤ 社会システムの脆弱性（原因）およびギャップ（問題）からレジリエント社会を創るための取り組み（課題）を設定する。
⑥ レジリエント社会を創るための取り組み（課題）に対する解決策を立案する。
⑦ 解決策を持続可能性をもって実行できる事業・ビジネス案を設計する。
⑧ 事業・ビジネス案を試行して、実現可能性や効果・価値を検証する。
⑨ 事業を実行する。

経営戦略論の世界的な研究者であるヘンリー・ミンツバーグは、戦略を策定するマネージャーを工芸家に、戦略を陶器に例えている（小樽商科大学ビジネススクール編 二〇一二）。戦略を立案するマネージャーは、自らの知識、時には直感を駆使して、徐々に戦略を練り上げていき、一つのビジネスプランができ上がるまでには、行きつ戻りつする「練り」の作業が必要となる。ここでいう練りとは、仮説を立てて、様々な情報の収集・整理やメンバーとの議論、何らかの実験・実践などによってその仮説を検証しながら進むことを意味している。

もちろん、その仮説が正しくない、あるいは適切ではないと明らかになることもある。その場合には、検証結果を踏まえて、より確度の高い新たな仮説を立案していくことになる。レジリエント社会を創るための新規事業を立案する場合も同じく、順序よく一つずつ段階的にゴールを目指すのではなく、ゴールがどこにあるのかわからないまま右往左往してプロセスを進んでいくことになる。

(2) レジリエント社会を創るための事業立案に必要なスキル

ここでは、前節で説明した災害に対するレジリエント社会を創るプロセスを進めていくために必要となるスキルを五つにまとめる(図1-5)。起業家の基本的スキルに加え、次の五つができるようになることで、復興や防災・減災に資する新規事業を設計・実装することができると考える。

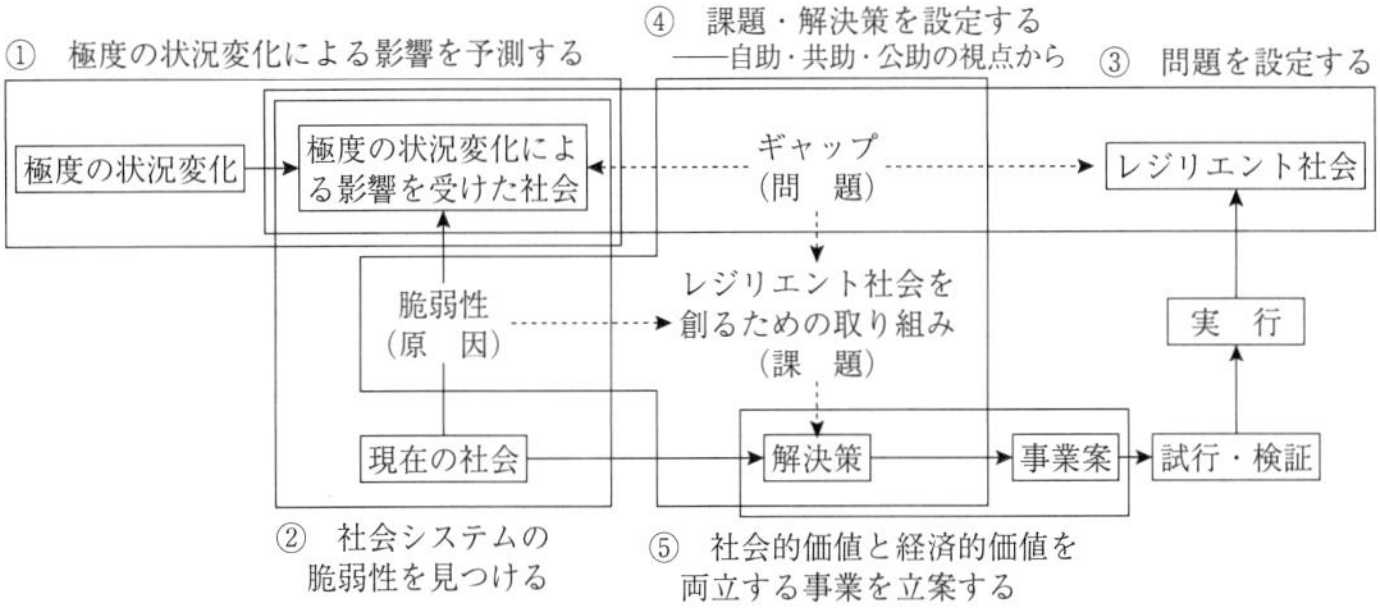

図1-5　レジリエント社会を創るための事業立案に必要な5つのスキル
出所：図1-3と同じ。

①　極度の状況変化による影響を予測する
現在の状況を理解するだけでなく、将来に起こるであろう災害によって、どのように社会が変化するかを過去の事例やコンピュータシミュレーションから予測する。

②　社会システムの脆弱性を見つける
現在の社会と極度の状況変化による影響を受けた社会を比較し、社会をシステムとして捉えることで、その影響の原因を特定する。また、その原因が社会システムの背景（政治、法律、経済、文化など）の影響を受けることを理解する。

③　問題を設定する
レジリエント社会と極度の状況変化による影響を受けた社会を比較し、そのギャップを捉える。

④　課題・解決策を設定する――自助・共助・公助の視点から
復興や防災・減災に資する事業・ビジネスは、民間企業だけではなく、個人の力、地域社会あるいは自治体・国の力を活用することで、実現可能性と持続可能性を高めることができる。自助・共助・公助の役割を整理しながら課題・解決策を考える。

⑤　社会的価値と経済的価値を両立する事業・ビジネスを立案する
復興や防災・減災における価値（社会的価値）を提供すると同時に、経済的価値を生むことで、持続可能性の高い事業・ビジネスを立案する。

繰り返しになるが、災害に対するレジリエント社会を創ることに挑戦する時、これら五つのスキルを一つずつ順序通りに働かせるわけではなく、同時に、あるいはスキルを使用する順番を考えながら進めることになる。

（3）　レジリエント社会を創るための事業立案に必要な考え方

アメリカの心理学者であるジョイ・ポール・ギルフォードは、人がアイデアを生み出す時には、発散的思考と収束的思考を使っていることを提唱した。前者は与えられた条件か

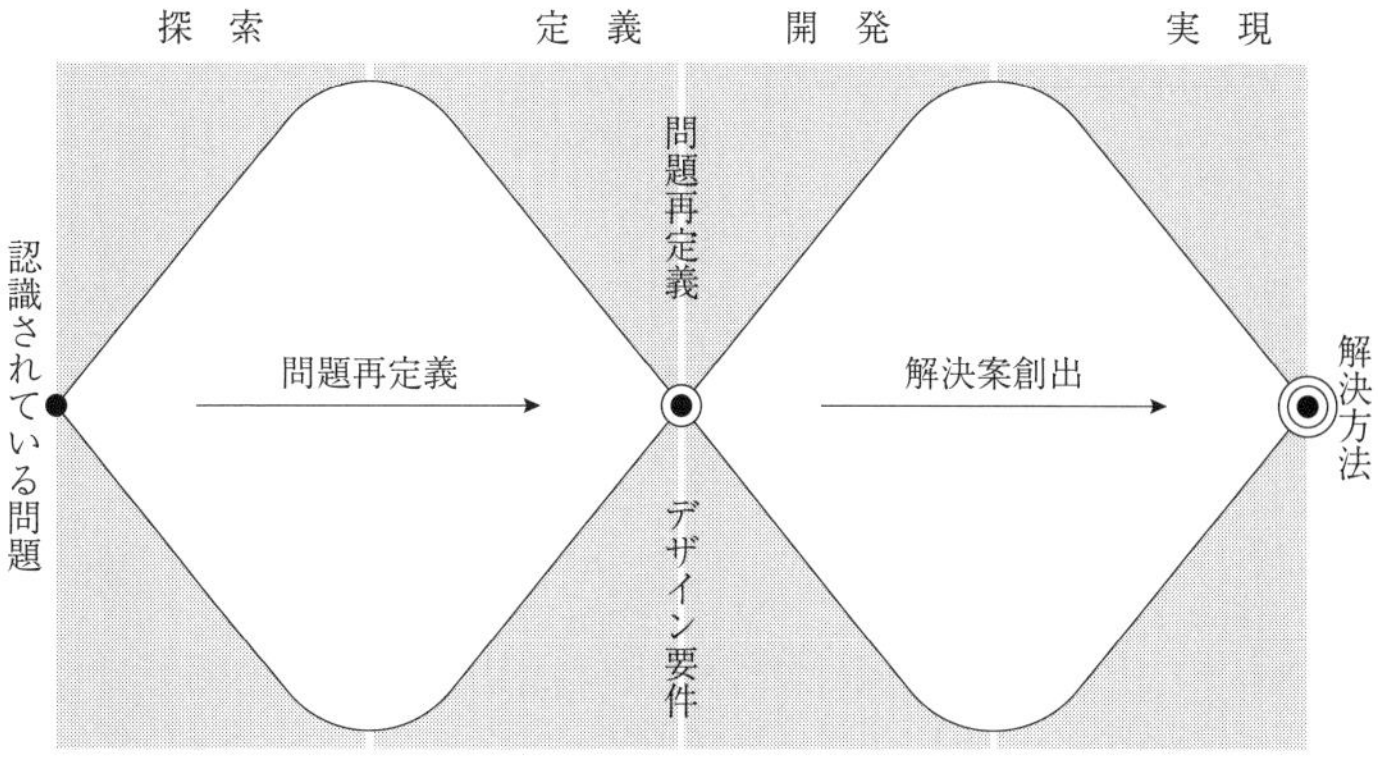

図1－6　ダブル・ダイアモンド

出所：英国デザイン・カウンシル提唱の図を基に「レジリエンス人材」育成プログラム開発チーム作成。

ら多種多様な発想を生み出す時の思考で、後者は論理的に唯一の適切な回答や解決に収斂して求める時の思考である。この二つの思考は、問題解決のプロセスにとても重要な役割を果たしている。二〇〇四年にイギリスのデザイン・カウンシルが提唱したダブル・ダイアモンドは問題解決プロセスのフレームワークで、発散的・収束的思考の組み合わせをひし形（ダイアモンド）で表している（図1－6）。

例えば、急に雨が降ってきたとする。友達と駅で待ち合わせをしているので、早く駅に向かって歩いて行きたいのだが、傘を持っていない。雨の中を歩いていけば、ずぶぬれになってしまうという問題が発生したとしよう。傘を近くのコンビニで買う、友達に少し遅れるとメッセージを送って雨宿りする。色々な解決策を頭に思い浮かべるだろう。これが発散的思考である。次に、思い浮かべた様々な解決策から自分の今の状況にあった実現可能な解決策を一つ選ぶ。これが収束的思考である。このように発散的思考と収束的思考を繰り返すことで、問題に対する最適な解決策を見出すことになるのだが、わざわざ二種類の思考に分けて問題解決のプロセスをモデル化するのには二つの理由がある。

一つは、私たちは問題を見えているところだけで判断しやすいからである。待ち合わせ場所へ行くまでに雨に濡れてしまうという問題に直面すると、それ以外の見えていない側面から問題を捉え直すことをしなくなる。ひょっとすると、雨に濡れてしまうことが問題なのではなく、濡れた服がすぐに乾かないことが問題かもしれないし、あるいは、友達がこちらへ来てくれないことが問題かもしれない。

もう一つの理由は、私たちは思いついた解決策に飛びつきやすいからである。傘をコンビニで買わなくても、大きめのビニール袋でもよいかもしれないし、タクシーに乗ればよいかもしれない。出てきたアイデアをすぐに選ぶのではなく、できるだけたくさんのアイデアをまず考えることで、解の選択肢を充実させることができる。

前節で解説したレジリエント社会を創るための事業・ビジネス立案プロセスを発散的・

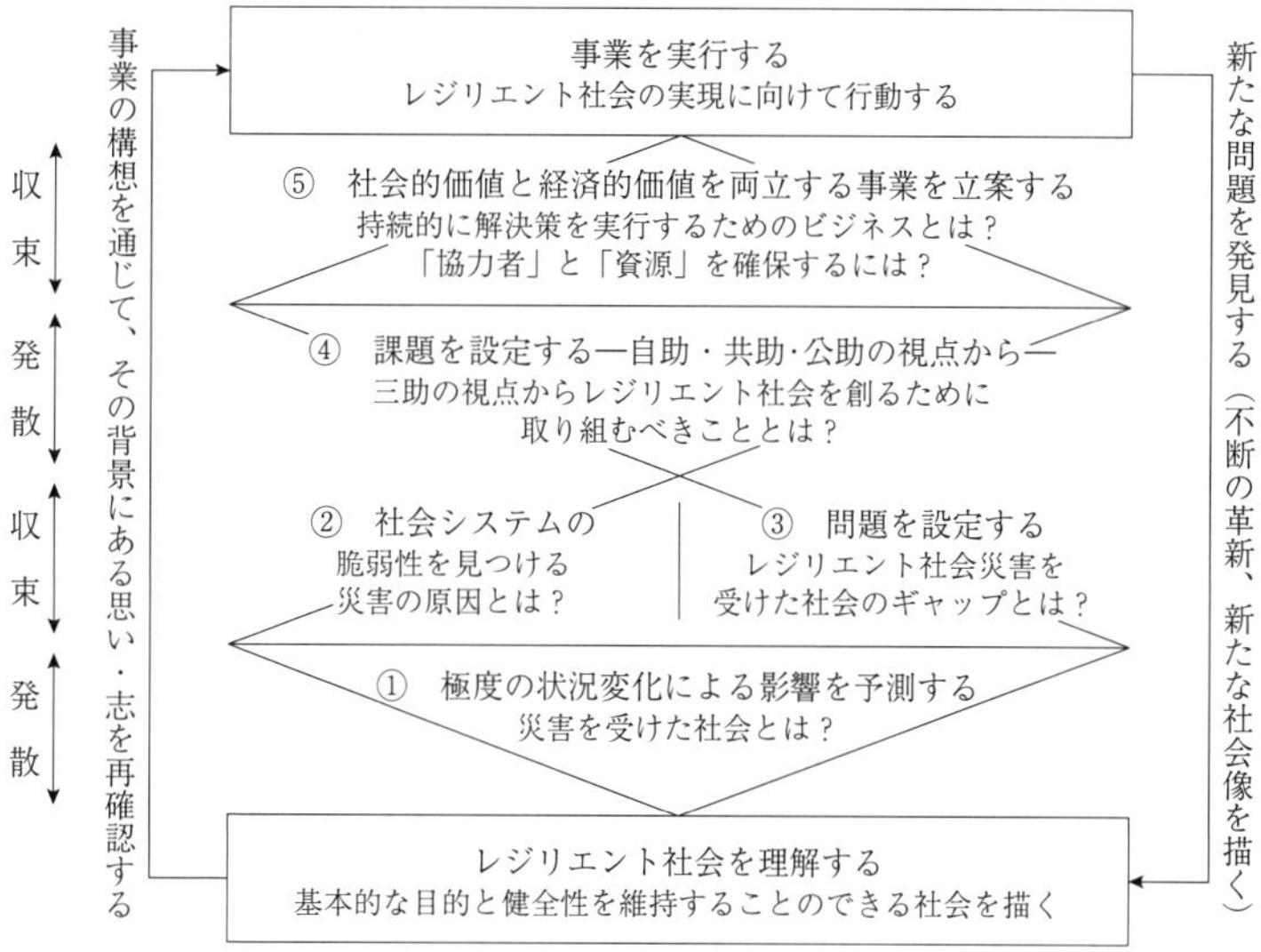
事業を実行する
レジリエント社会の実現に向けて行動する
⑤　社会的価値と経済的価値を両立する事業を立案する
持続的に解決策を実行するためのビジネスとは？
「協力者」と「資源」を確保するには？
④　課題を設定する―自助・共助・公助の視点から―
三助の視点からレジリエント社会を創るために
取り組むべきこととは？
②　社会システムの
脆弱性を見つける
災害の原因とは？
③　問題を設定する
レジリエント社会災害を
受けた社会のギャップとは？
①　極度の状況変化による影響を予測する
災害を受けた社会とは？
レジリエント社会を理解する
基本的な目的と健全性を維持することのできる社会を描く
収束
発散
収束
発散
事業の構想を通じて、その背景にある思い・志を再確認する
新たな問題を発見する（不断の革新、新たな社会像を描く）

図1－7　レジリエント社会を創る時の思考フレーム

出所：図1－3と同じ。

収束的思考を示すダブル・ダイアモンドになぞらえると、図1－7のように表すことができる。まず、レジリエント社会について理解し、目的と健全性を維持することのできる社会を定義することから始まる。私たちはどのような社会を目指したいのか、ありたい姿を描いてみてほしい。これがレジリエント社会を創るための事業を立案して実行する当事者意識にもつながるだろう。

　次に、極度の状況変化による影響を予測する。地震や豪雨によって私たちの社会はどのような影響を受けるのか。過去の事実やシミュレーシ

ョン予測から発散的にできるだけ多くの情報を収集して、社会がどのような状態になるのかを理解する。このフェーズについては、第2章で取り上げる。

そして、極度の状況変化による影響を受けた社会と現在の社会を比べることで社会システムの脆弱性、すなわち災害の原因を見つけることができる。また、極度の状況変化による影響を受けた社会とレジリエント社会を比べて、ありたい姿とのギャップ、すなわち問題を設定することができる。前者については第3章が、後者については第4章で解説する。

事業で取り組むべきテーマを設定したら、発散的にできるだけたくさんの課題を検討する。このフェーズでは、自助・共助・公助の視点をもって探索すると、多くの課題を考えつくことができるだろう。これについては、第5章で解説する。

レジリエント社会を創るための持続的な解決策を立案するには、経済的な戦略を必要とする。すなわち、社会的価値と経済的価値を両立する事業を考えることが求められる。そのようなビジネスアイデアの考え方については第6章で解説する。

これらの発散的・収束的思考は、定まった順序に沿って進めるものではなく、同時に、あるいは行き来しながら行うことになる。課題を設定しながら脆弱性について検討することもあるし、極度の状況変化による影響を予測してから、社会的価値と経済的価値を両立する事業を立案することもある。一度考えたからといって、考えることを放棄しないことである。何度も何度も行き来しながら考えることで、価値ある解決策や事業案をつくりあげることができるだろう。

そして重要なことは、考えるだけではなく、現実の社会を見ることである。解釈に解釈を重ねるのではなく、事実に基づいた解釈を意識してほしい。現場（フィールド）に足を運び、一次情報を集めることで、現在の社会を理解することだけでなく、極度の状況変化による影響を受けた社会について学ぶこともできるし、私たちの目指したいレジリエント社会につながるヒントを得ることもできる。

また、フィールドワークを通じて、地震や豪雨による災害とは「別の世界に生きている自分を見出すのではなく、一つの同じ世界で、これまでとは異なった部分あるいは側面で生きている自分に気づく」（デューイ 二〇〇四）ことで、問題意識やものの見方が変わることがある。そのような経験によって、災害に対する当事者意識を醸成することができるだろう。その際に必要な準備・心構えについては、第7章で、フィールドワークの心得や事例を踏まえながら解説する。

参考文献

小樽商科大学ビジネススクール編（二〇一二）『MBAのためのビジネスプランニング 改訂版』同文舘出版。

デューイ、ジョン／市村尚久訳（二〇〇四）『経験と教育』講談社学術文庫。

浜口伸明（二〇一三）「創造的復興について」『国民経済雑誌』二〇七（四）、三五‐四六頁。

林敏彦（二〇一一）『大災害の経済学』PHP研究所。

林春男（二〇一六）「災害レジリエンスと防災科学技術」『京都大学防災研究所年報』五九（A）、三四‐四五頁。

山田幸三（一九九九）「ベンチャー企業の創造プロセス」忽那憲治・山田幸三・明石芳彦編『日本のベンチャー企業――アーリーステージの課題と支援』日本経済評論社。

Aldrich, D. P.（2012）*Building Resilience : Social Capital in Post-Disaster Recovery*, University of Chicago Press.（＝二〇一五、石田祐・藤澤由和訳『災害復興におけるソーシャル・キャピタルの役割とは何か――地域再建とレジリエンスの構造』ミネルヴァ書房。）

Cardona, O. D.（2003）*The Notions of Disaster Risk : Conceptual framework for Integrated Management, Information and Indicators Program for Disaster Risk Management*, Inter-American Development Bank.

Comfort, L.（1999）*Shared Risk : Complex Systems in Seismic Response*, Emerald Publishing.

DFID, The U. K. Government（2011）Defining Disaster Resilience: A DFID Approach Paper.

European Commission（2012）Communication from The Commission to The European Parliament and The Council, The EU Approach to Resilience: Learning from Food Security Crises.

European Commission（2020）2020 Strategic Foresight Report: Changing The Course Towards a More Resilient Europe.

FSIN (2014) Resilience Measurement Principles, FSIN Technical Series No. 1.

Holling, C. S. (1973) "Resilience and Stability of Ecological Systems" *Annual Review of Ecology and Systematics* 4, pp. 1-23.

Holling, C. S. et al. (1995) "Biodiversity in the functioning of ecosystems: an ecological synthesis" in Perrings, C., K. G. Maler, C. Folke, C. S. Holling & B. O. Jansson (eds.) *Biodiveristy loss : economic and ecological issues,* Cambridge University Press, Cambridge. pp. 44-83.

Horne Ill, J. F. & J. E. Orr (1998) "Assessing Behaviors That Create Resilient Organizations" *Employment Relations Today* 24, pp. 29-39.

IPCC, The United Nations (2012) Managing The Risks of Extreme Events and Disasters to Advance Climate Change Adaptation, Cambridge University Press.

Kendra, J. M. & T. Wachtendorf (2003) "Elements of Resilience After the World Trade Center Disaster: Reconstituting New York City's Emergency Operations Centre" *Disasters* 27(1), pp. 37-53.

Mileti, D. S. (1999) *Disasters by Design : A Reassessment of Natural Hazards in the United States,* Joseph Henry Press.

Paton, D., L. Smith & J. Violanti (2000) "Disaster Response: Risk, Vulnerability and Resilience" *Disaster Prevention and Management* 9, pp. 173-179.

Pelling, M. (2003) *The Vulnerability of Cities : Natural Disasters and Social Resilience*, Earthscan Publications.

Richardson, G. (2002) "The Metatheory of Resilience and Resiliency" *Journal of Clinical Psychology* 58 (13), pp. 307-321.

Timmerman, P. (1981) *Vulnerability, Resilience and the Collapse of Society : A Review of Models and*

Possible Climatic Applications, Environmental Monograph 1, Institute for Environmental Studies, University of Toronto.

UNISDR (2009) UNISDR Terminology on Disaster Risk Reduction, 2009.

Walker, B. et al. (2004) "Resilience, Adaptability and Transformability in Social-ecological Systems" *Ecology and Society* 9(2), p.5 ([online] http://www.ecologyandsociety.org/vol9/iss2/art5).

Wildavsky, A. (1988) *Searching for Safety*, Transaction Books.

Zolli, A. & A. M. Healy (2012) *Resilience : Why Things Bounce Back*, Headline Publishing.（=二〇一三、須川綾子訳『レジリエンス 復活力——あらゆるシステムの破綻と回復を分けるものは何か』ダイヤモンド社。）

第2章　極度の状況変化による影響を予測する

鶴田宏樹
松下正和
大石　哲
大路　剛

本章では、地震や豪雨などによる極度の状況変化が、人や社会へどのように影響を及ぼすのかを予測する方法と事例を紹介する。「極度」とは、『小学館デジタル大辞泉』を紐解けば「程度の甚だしいこと、また、その様」とある。英語では、「Extreme」であるが、これはラテン語のExter（外の、外側の）-issimus（最上級）が語源である。すなわち極度の状況変化とは、特定の場所で特定の強度で発生する地震や噴火、豪雨、感染症などで引き起こされる変化のことで、外部からの力で元には戻らない不可逆的な変化のことである。歴史が証明しているように、自然現象による大きな力が働くと、私たちの社会は甚大な被害を受け、その影響は長時間にわたり広範囲に及ぶ。

第1節では極度の状況変化による影響を受けた社会を予測するための方法と事例を、第2節では阪神・淡路大震災と東日本大震災において極度の状況変化による影響を受けた社会を複合的に考える。そして第3節で、新型コロナウイルス感染症との複合災害について解説する。

1　極度の状況変化による影響を受けた社会を予測する

地震や豪雨などの異常な自然現象（極度の状況変化）による影響には、直接的、間接的、そして複合的なものがある。直接被害として、地震であれば、揺れや土砂崩れ・液状化・火災による建物の倒壊やインフラの損壊、住民らの死傷などが挙げられる。間接被害としては、発災後の経済活動の低減や人口流出、災害が原因での自殺などが挙げられる。人や人工物がない場所で地滑りや土砂崩れが起きても、それは災害として扱われることはない。異常な自然現象が社会に影響を及ぼす時に災害として捉えられる。

したがって、自然災害の大きさは自然現象の種類や大きさにもよるが、社会のあり方によっても大きく異なる。過去二〇年の前と後とで明確に異なるのは、自然災害による被害の増大と同時に、脆弱地域での貧困、気候変動、大気汚染、人口増加、都市増大化、生物多様性の損失等の間での相互関係が被害を高めている点である（UNDRR/CRED 2020）。最近では二〇一九年に報告された新型コロナウイルス感染症（COVID-19）のパンデミック(1)との複合化により、大規模自然災害の対策が一層複雑になる恐れもあった。

これらの異常な自然現象による影響を予測するには、①過去から学ぶ方法と②コンピュータシミュレーションを利用する方法の大きく二種類がある。ここでは、これらの方法を使った直接・間接被害並びに複合的な被害の予測について事例を通して説明する。

（1）過去から学ぶ

二〇一五年三月に宮城県仙台市で開催された第三回国連防災世界会議では、その成果として、国際的防災指針である「仙台防災枠組2015―2030」が採択され、「より良い復興（Build Back Better）」の重要性が強調された。以前より良いのかを判断するには、地域の人々が災害前の状況を知っておく必要がある（奥村 二〇一八）。すなわち過去を理解しなくてはならない。歴史は現在や未来と切り離すことはできず、過去に起こったことの積み重ねの上に現在や未来がある。より良い復興は、私たちの歩んできた歴史を理解せずには成しえない。

世界中で大きな自然災害が発生しているが、日本もこれまでに多くの自然災害に見舞われてきた。ここ数十年に限っても一九九五年に阪神・淡路大震災、二〇一一年に東日本大震災、二〇一六年に熊本地震による災害などが発生した。最近では、風水害も毎年のように発生し、二〇一八年の平成三〇年七月豪雨（西日本豪雨）や二〇一九年の令和元年台風一九号（東日本台風）、二〇二〇年の令和二年七月豪雨（熊本豪雨）による災害、二〇二四年元日の能登半島地震も記憶に新しい。

近年の災害について学ぶには、地震学・工学・経済学・情報学・法学・心理学などの視点から被害や復興について分析している報告書や論文が多数あるので、それらにあたることはもちろんだが、さらに古い災害からも私たちは学ぶことができる。例えば、東日本大震災では津波の被害の大きさを目の当たりにしたが、東北地方の太平洋沿岸部は昔から大津波に何度となく襲われている。最古の記録は平安時代の歴史書『日本三代実録』にある。貞観一一年五月二六日（八六九年七月九日）の夜に発生した地震により津波が発生し、仙台平野が大海原になったと記されている。人的被害は、溺死者約一〇〇〇人、建物の倒壊による圧死者（人数不明）、地割れに落ち込んだ死者（人数不明）であったこともこの歴史書からわかる（柳澤 二〇一七）。平安初期の日本の人口は約五五〇万人と推定されている（鬼頭 二〇〇〇）ことから、現代に置き換えれば、一億二六〇〇万人（二〇一〇年一〇月一日現在）の人口に対し人口密度を度外視して単純に計算すると約二万三〇〇〇人に該当する。そのような人数の死者が発生するなどとは思いもよらないだろう。しかし、東日本大震災

「大津浪記念碑」の全文（2）

高き住居は児孫の和楽
想へ惨禍の大津浪
此処より下に家を建てるな

明治廿九年にも昭和八年にも
津浪は此処まで来て
部落は全滅し
生存者僅かに前に二人後に四人のみ
幾歳経るとも要心あれ

資料2－1　大津浪記念碑（姉吉地区）
出所：松下正和撮影。

の死者数が一万五九〇〇人（約九割が溺死）、行方不明者二五二三人（警察庁緊急災害警備本部二〇二三）、合わせて一万八四二三人にも上っていること、震災関連死者数も合わせて考えると、必ずしもかけ離れた数字ではないことがわかる。

　このように私たちは、石碑や古文書などの過去の災害を記録した歴史資料から、異常な自然現象によって当時の社会や人々がどのような影響を受け、どのように復興したのかを学ぶことで未来の災害についてある程度予見することができる。一方で、地域の歴史資料から得られる防災・減災や復興の教訓は、その地域独自の災害文化として根づかせ、継承することが必要となる。例えば、岩手県宮古市重茂《おもえ》の姉吉地区にある「大津浪記念碑」には、「此処より下に家を建てるな」と記されている（資料2－1）。姉吉地区は明治三陸大津波（一八九六年）で六〇人が死亡し、生き残ったのは二人だけであった。昭和三陸大津波（一九三三年）では、一〇〇人以上が犠牲となり生存者は四人であった。二度の甚大な津波の被害にあった経験から、住民たちがこの石碑を建てた。二〇一一年の東北地方太平洋沖地震による津波はこの石碑の約七〇m手前まで迫ったが、姉吉地区の住民は石碑の教えを守り、坂の上に住宅を建てていたため、建物被害は一件もなかった。海辺にいた住民らは地震後に自宅へ戻り難を逃れたという（『河北新報』二〇〇八年四月一〇日付）。昭和三陸地震の津波による被害を受けた三陸海岸地域では、地震学者今村明恒が津波の体験の風化を防ぐために津波記念碑の建設を助言し、住民の高台移転を提案した。姉吉地区は、その教訓が今でも生きている地域の一つである。

地域の歴史資料としての災害記録は、私たちが忘れ去らずに活用し続けることによって、はじめて地域の防災遺産として意義を持つようになる。そして、他の地域でも、地域ごとに災害の記憶を風化させないための様々な取り組みが行われている。例えば、岩手県大槌町安渡古学校地区には「大きな地震が来たら戻らず高台へ」と記された木碑がある。あえて朽ちる木を使うことで、定期的に立て替えなくてはならなくなり、災害の記憶を思い返

資料2－2　大地震両川口津浪記石碑
出所：松下正和撮影。

す仕組みをつくっているのである。「どんなに立派な石碑や像をたてても、時代とともに震災の記憶は風化してしまう。だから僕は四年ごとに立て替える木碑に住民の思いを刻み込み、立て替えるという文化を創って、震災の記憶を伝え残す」と3・11復興木碑設置プロジェクトリーダーの吉田優作氏は語っている。木碑は二〇一一年三月一一日の津波が到達した標高一二・五m付近の高台にあり、二〇二一年三月一〇日に新調された柱の側面には大槌高校の生徒一〇人が考えた「日頃から備えておくことが笑顔につながる」「未来　帰らぬ人の想いを背負い　繋いで生きていく」というスローガンが記されている。

また、大阪市浪速区幸町にある「大地震両川口津浪記石碑」は大阪市指定文化財の石碑で、一八五四（嘉永七・安政元）年一一月四日に安政東海地震、翌五日に安政南海地震が発生し、それに伴う津波によって犠牲となった人々の慰霊と後世への戒めを語り継ぐために付近の町の人たちが発起して建てたものである（資料2－2）。碑文には、地震の後に船で避難した人が津波によって大きな被害を受けたことや一四八年前の宝永地震でも同じことがあったにもかかわらず教訓を活かすことができなかったことが記されている。そして最後に、「願くハ、心あらん人、年々文字よミ安きやう墨を入給ふへし」とある。この言葉を代々受け継ぎ、毎年八月の地蔵盆には地域の人々が集まって石碑を洗い、文字が読みやすいように墨入れをして供養している(3)。

歴史資料だけでは数値的に正確な災害予測はできないし、必ずしも過去の災害と同規模の被害になるとも限らず、むしろ「想定外」の事態も発生することもあるだろう。しかし、過去の災害記録の再検討により、その地域固有の具体的な被害情報から歴史地理的環境の特性を地域住民に知らせ、防災上の課題を見直すことができる。石碑や古文書を活用しようと思うと、まず、それらを読むための知識やスキルが必要となり、歴史学研究者に助けを求めなくてはならない。

さらに、その読み解いた石碑や古文書から得られる教えを活用するためには、地域住民がその教えを語り継ぐことはもちろんのこと、その活動を支える行政や企業やＮＰＯなどの存在も大切となる。そして、歴史資料自体の保全や保存修復が必要なのはもちろんのこと、語り継ぐための有効なコミュニケーションの方法や記憶継承の仕組みづくりも必要で、工学・心理学研究者など理系・文系双方の専門家の協力も重要となる。過去から学び、その学びを次世代へ伝えるためには、このような多様な分野の専門家をつなげることのできるジェネラリスト的な能力が求められるだろう。

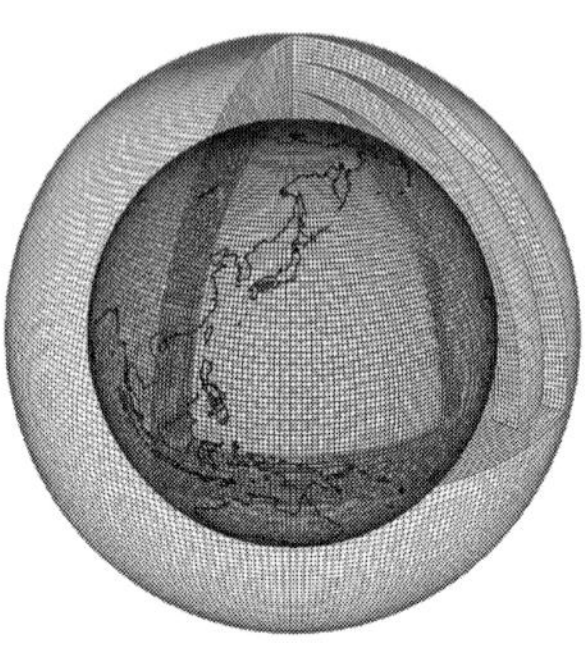

図2-1　全球モデルのイメージ
出所：気象庁（n. d.-a)。

(2) コンピュータシミュレーション

コンピュータシミュレーションは、多くの分野で活用されているが、最も身近なものは天気予報だろう。大気の状態を気温、気圧、湿度、風速、風向きなどの物理量（数値）で表し、流体力学などの物理法則に基づいて計算することで、未来の大気の状態を予測することができる。

例えば、地球全体の大気を対象とした数値予報モデルを全球モデル（図2-1）と呼ぶが、地球大気や海洋・陸地を水平方向に等間隔で、垂直方向には地上ほど狭く上空ほど広い間隔の層の格子に分割し、格子に気温や気圧などの観測データに基づいて数値を割り当てる。大気の状態の変化を表す方程式を基にアルゴリズムをつくり、それをプログラムにして、コンピュータを使って数秒から数分後の格子の大気の状態を算出することを繰り返す。細かい格子になればなるほど、計算量が多くなり、計算に時間がかかることになる。計算されて出力されてくるのは物理量（数値）なので、その数値を天気予報に使えるように天気図などに加工する。天気予報の精度が高くなったのは、数値予測モデルの精緻化、解析手法の高度化、観測データの増加・品質改善、そして数値予報の実行基盤となるコンピュータの性能向上が理由である（気象庁 n. d.-b）。

一方、地震のコンピュータシミュレーションは大きく分けると、地震がどのように発生し、その地震動がどのように伝わっていくかを解明する理学的なシミュレーション（地震学）、地震動が地盤を揺らして、その上に乗っている建物がどのように揺れるかを計算する工学的シミュレーション（地震工学）、そして地震によって人の行動や経済活動などがどのように変化するかを予測する社会科学的シミュレーションの三つがある。

災害と一言で言っても、地震が発生すると私たちの社会は様々な影響を受ける。家や建物、道路や橋などの構造物が揺れて倒壊したり、地滑りが発生して家屋が土砂に埋没したり、人が避難して、交通・物流にも影響が出る。そこで、理学、工学、社会科学の計算を統合し、地震によって一つの都市にどのような災害が発生するのかをシミュレーションす

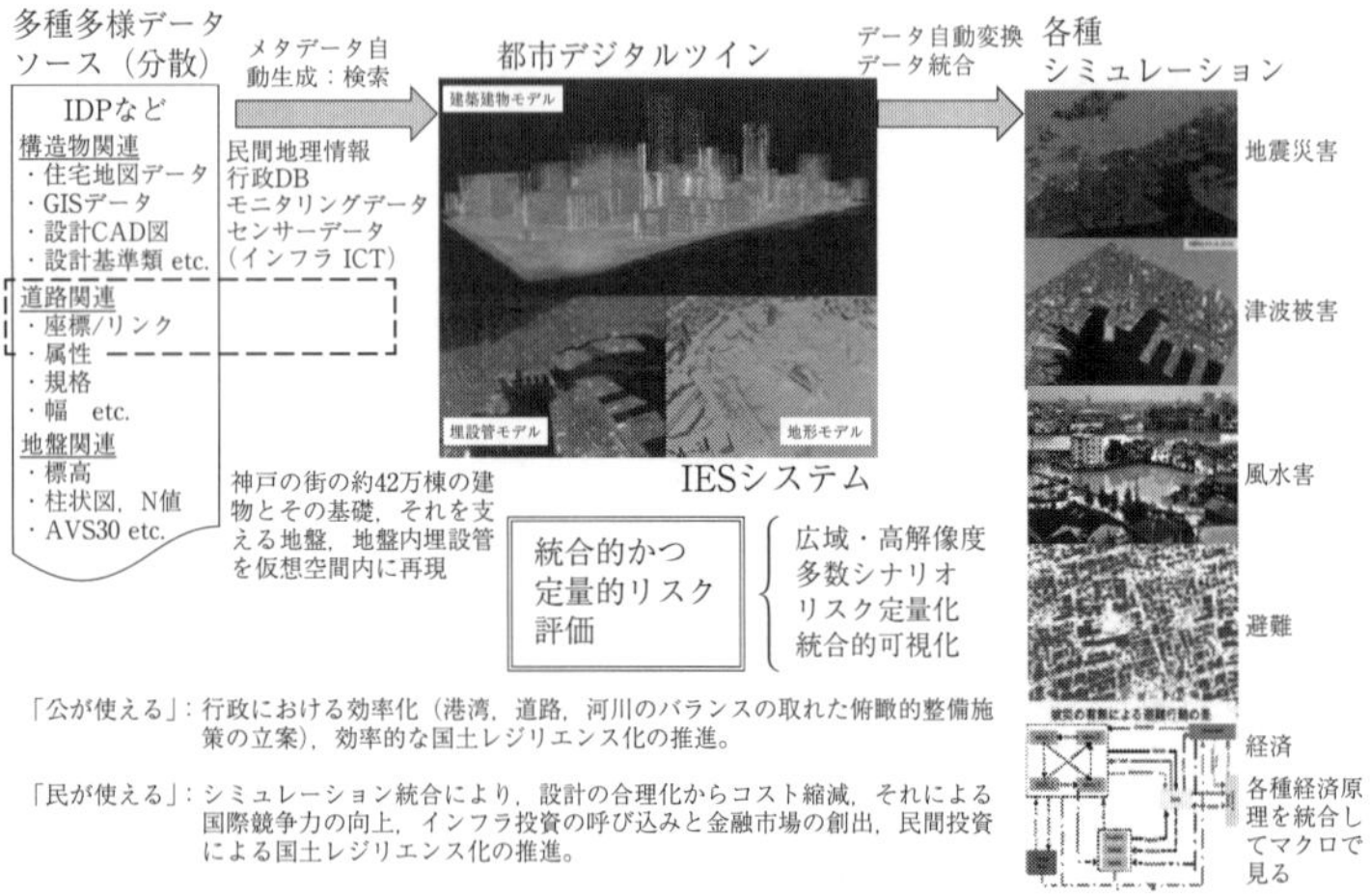

図2-2　都市デジタルツイン自動生成による災害シミュレーションのフロー図
出所：大石哲作成。

る「都市丸ごとのシミュレーション」技術の開発が進められている（図2-2）。これまでは、経験に基づいて災害を推定していたのに対し、コンピュータシミュレーションを使うことで、一つひとつの建物について地震による被害状況を予測できるようになる（都市丸ごとのシミュレーション技術研究組合 二〇二一）。

この都市統合地震シミュレーションを行うには、都市データ（建築・インフラ構造物・土地利用データ）を基に都市モデルを構築する必要があるが、書式や様式が異なる多様な都市データ一つひとつ入力していたのでは、いくら時間があっても足らない。それどころか、図面もなくデジタル化もされていない構造物が多数あり、実際に、ある研究者は約一万㎡の東京都市モデルを作るために、図面から手作業で数値入力してきた。また、デジタル化したとしても都市は変化していくので、データを更新していかなくてはならない。現在、図面を自動でデジタル化して情報を自動判別し、各々のデータを関連づけして更新し、最新の都市モデルを構築する技術開発も進んでいる。

物理空間から集めたデータを仮想空間で再現された双子のようなモデルを、デジタルツインと呼ぶ。デジタルツインが構築できると、物理空間では再現することができない現象をつくることができたり、時間がかかりすぎることを短縮して行うことができるようになる。自動車や航空機分野ではすでに様々な試作機を仮想空間に再現し、燃焼実験や耐久性評価を行って開発期間の短縮を実現している。また、自動車や航空機に搭載されているセンサーによって収集したデータをデジタルツインに送信し、使用状況などを常時把握することで事故を回避する試みも進んでいる。

シンガポールでは、建築物や道路、人や車・交通機関、自然などのあらゆるデータを統合して仮想空間上に3Dモデルとして本物そっくりの国「バーチャル・シンガポール」を再現するプロジェクトが進んでいる（National Research Foundation Singapore n. d.）。例えば、シンガポールでは一〇年ごとに〇・二五度ずつ気温が上昇し、その速さはその他の地域の二倍である（Meteorological Service Singapore n. d.）。特に都市部の気温は周辺の農村部に比べて高い。この現象は、ヒートアイランド効果と呼ばれ、人工的な構造物によって熱がこもりやすくなったり、エアコンや自動車からの排熱などが原因にある。アーバンヒートを抑えるために、建物や道路などが気温に与える影響や風の流れを計算し、緑地の位置や建物の高さなどをどのように変えればよいのかを、デジタルツインを使ってコンピュータシミュレーションすることができる。また、建物の高さ、屋根の傾き、日照量などを基に、どの建物が効率的に太陽光発電ができるのかがわかり、晴れた日にどれだけエネルギーを生産できるのか、生産エネルギーとコストのバランスをシミュレーションすることもできる。

このようなデジタルツイン技術の進歩の中で、内閣府はSociety5.0という科学技術政策を提唱し、その実現のためにデジタルトランスフォーメーション（ＤＸ）の進展が必要であるとしている。Society5.0とは、仮想空間と物理空間を高度に融合させたシステムによって、経済発展と社会問題の解決を両立する人間中心の社会の形成を目指す政策である。一方、ＤＸとはＩＴの浸透による社会変革が人々の生活をも変化させるという概念である（内閣府 二〇一六）。防災の例でいえば、身近な道路、河川、水道などにＤＸ概念を導入して、センサーで計測し、周囲の人々の状況を知らせることで、安心で安全な未来の実現に近づくことができる。デジタル化が遅れている分野をなくし、経済発展・社会問題の解決を図ることが国家レベルで求められている。Society5.0 が実現した時代には、新たな建造物の構造・空間配置などに関する情報はすべてデジタル化されていくだろう。デジタルツイン技術を使えば、地震や豪雨についても、人が知りたい被害の種類や範囲、規模などを要求に応じて正確に予測し、防災・減災の研究者が適切な対策を講じることができるようになる。現在、スーパーコンピュータ「富岳」を利用した大規模な地震シミュレーションの研究が進んでいる（Ichimura et al. 2022：高度情報科学技術研究機構 二〇二二）。しかし、これまでに作られた街や都市に関してはデジタル化された情報が少ないことが、その防災・減災シミュレーションの実現を阻んでいた。

コンピュータシミュレーションを用いて被害の確率を算出することは、適切な対策（リスクコントロールとリスクファイナンス）につながる。それは、経済合理性のある対策となり、投資を呼び込むことができる。これまでの公的機関による受け身の防御であった防災・減災が、民間による積極的な市場の提案というパラダイムシフトが起こることを意味するのである。

2　極度の状況変化による影響を受けた社会を複合的に捉える

日本列島周辺は、北米プレート、ユーラシアプレート、太平洋プレート、フィリピン海プレートが互いに衝突し合う複雑な構造の上に成り立っている。それゆえ最大震度6弱以下の地震は日常的に起こっている。身体で感じることができない「無感地震」まで含めると、その数字は年間一〇〇〇回をゆうに超える。そして、しばしばマグニチュード8を超える大地震も起こっている。記録に残っているマグニチュード8以上の大地震も、七世紀の六七八（天武七）年の白鳳地震（天武地震）、八六九（貞観一一）年の貞観地震など、二一世紀の現在に至るまで何度も起こっている。このように日本は、「揺れ続ける国」である。この揺れ続ける国において、私たちは何度もダメージを受けながらも元の生活を取り戻してきた。何度も極度の状況変化を体験してきたのである。本節では、極度の状況変化とはいかなるものかについて、一九九五年の阪神・淡路大震災と二〇一一年の東日本大震災を事例として考えてみる。

資料2－3　阪神大震災・倒壊した阪神高速道路
出所：時事。

(1) 阪神・淡路大震災

一九九五年一月一七日に起こった阪神・淡路大震災では、震度7という激しい揺れとそれに伴う液状化や地滑りなどの地盤変動により、多くの家屋が倒壊した。そして、地震直後から様々な場所で火災が発生した。結果、約五五〇〇人の死者、約五〇万棟の建物損壊、約七〇haの消失という被害を受けた。交通に関する被害は、港湾関連では埠頭の地盤沈下など、鉄道関連では山陽新幹線の高架橋などの倒壊・落橋による不通、鉄道の不通、道路については地震発生直後、阪神高速道路などの二七路線三六区間が通行止めになる被害が発生した。中でも、阪神高速3号神戸線の高架橋が倒壊・落橋した映像は、極度の状況変化が現実のものであるということを、私たちに一目で理解させるものであった（資料2－3）。

阪神・淡路大震災による死者は約五五〇〇人であり、その内訳は圧死あるいは窒息死が約七二％、外傷性ショック死が約八％、焼死が約七％であった（神戸大学震災復興支援プラットホーム 二〇一五）。圧死または窒息死が圧倒的に多いのは、大半が家屋の倒壊が原因である。焼死は倒壊した家屋に閉じ込められた状態で押し寄せてきた火災に巻きこまれたケースが多かった。

圧死・窒息死の原因となった建物の倒壊を考えてみると、建物倒壊は地盤の揺れなどの「地震の破壊力」と建物強度などの「建物の抵抗力」との関係で説明される。阪神・淡路大震災の破壊力は、マグニチュード7・3という数字が表すようにとてつもない破壊力であった。一方、建物の抵抗力は、耐震設計の基準、施工構法の技術、維持管理の状態の三つの要素に規定される。耐震設計基準が大改定される一九八一年以前に建設された建物は、建設当時の低レベルの基準で設計されており、必要な耐震性が欠けている状態であった。この「地震の破壊力」の高さと「建物の抵抗力」の低さが関わり合って、建物倒壊を引き起こしたといえる。すなわち、極度の状況変化の程度には地震の大きさだけでなく、そもそもの地盤の弱さと建物の耐震性の低さが影響するのである。

火災の被害についても考えてみよう。阪神・淡路大震災では約七〇haが火災で消失した。この規模は一九二三年の関東大震災の約三八〇〇haの約1／50であった。一九九五年一月一七日の早朝が無風状態であったこともあるが、七〇年の時を経て消防力が強化されたこと、市街地・建物が難燃化されたことも少なからず影響しているであろう。

その一方で特に火災が激しかった地区もある。その地区は老朽木造家屋が集積したり、区画整理などの市街地整備が遅れていた。この例からも、これまで本書で何度か言及してきた極度の状況変化というものは、発災以前の地域の状況の影響を受けることが理解できるだろう。

この大震災が地域産業に与えた影響も大きい。神戸は港湾の町という印象が強いと思われるが、神戸の港の歴史は古い。平安時代の末期には、平清盛が大輪田泊（現在の神戸市兵庫区）で中国（宋）との貿易を行い、その後、室町時代や江戸時代には「兵庫の津」と呼ばれ、国内交通の要衝としての役割を担ってきた。神戸港は一八六八年一月一日に開港し、その後、人・物・情報が行き交う国際貿易に発展した。一九六七年には、日本で初めてコンテナ船が入港し、それ以降、コンテナ物流を軸とした新しい港湾物流拠点として発展した。発展途上に起きた阪神・淡路大震災によって、コンテナ専用の岸壁はすべて被災して傾き、ガントリー・クレーンも被災して貨物の揚げ降ろしができなくなった。

この結果、これまでに国際ハブ港としての神戸港に集荷してきた貨物は、コンテナ取扱総料金が神戸港の2／3程度である新興の韓国・釜山港や台湾・高雄港に移っていった。港湾施設の震災直後の推定被害額は一兆円で、港湾施設の崩壊による間接的な被害額は年間三六〇〇億円に上ると推計された。その結果、貿易都市としての神戸の地位は震災前よりも低下した。このように、港湾施設を含む都市インフラの崩壊は地域産業に長期間にわたるダメージを与えた。

兵庫県の経済的な被害額は一二兆二二六八億円であったが、神戸で商売していた企業の中でも直接被害を受けなかったにもかかわらず、取引先が震災の被害に遭った結果、商取引の機会を失っていく間接被害も存在した（豊田・河内 一九九七）。この産業別被害額を見てみると、卸売り・小売業が二兆九〇〇〇億円、サービス業・その他が二兆円、製造業が一兆二〇〇〇億円の損失を受けた。阪神・淡路地区は主に製造業やサービス業の集積地であった。これらの産業の間接的な被害も甚大だったことがわかる。

発災から長い時間が経過した阪神・淡路大震災を事例としてみることで、大規模災害がもたらす極度の状況変化の一つの形が見えてくる。それは、地震などの自然現象による直接被害と時間的・空間的に二次的、三次的に引き起こされた間接被害が複合して生じている状況である。交通・港湾インフラの破壊が物流に支えられた産業の機能を停滞させるという間接被害は、直接被害から時間的に遅れて顕在化する。また、その被害地域も直接被害の現場とは異なる場所となる。

　被害で生じた問題は、次の被害を引き起こす。そして、震災による被害は二次・三次と時間的・空間的に拡がっていく。さらに例を挙げる。阪神・淡路大震災が起こり、国や自治体による復興支援が開始された。被災地域の復興は決められた優先順位に従って進められるのだが、当然のことながら当該地域のすべてが同じスピードで復興を進めるのは現実的に難しいであろう。そうすると、ある地域では住宅や経済の再建が遅れる。そのために避難所や仮設住宅での長期の生活が強いられることになる。そして、雇用の機会が奪われて経済的に困窮したり、慣れ親しんでいたコミュニティが崩壊する。実際に、このように多くの被災者が追い込まれた。その結果、約九〇〇人の震災関連死者、約一〇〇〇人の震災孤独死者、約三五〇人の震災障害者という間接被害が現実に起こった。

　復興を持続的に展開するためには、直接被害だけでなく、それが原因となって起こる間接被害も極度の状況変化を起こす要因であると理解する必要がある。つまり、レジリエンス人材が取り組むべき問題には、直接被害と間接被害という複雑な因果関係の中で「広がり」と「深さ」を持つ構造があることを意識する必要がある。四半世紀以上経過した今、問題の時間的な変化を考えることができることからも、阪神・淡路大震災の経験から学ぶべきことは多い。

(2) 東日本大震災

二〇一一年三月一一日、本州北東部で三陸沖を震源とするマグニチュード9・0の大地震が起こった。東北や北関東の広い地域で最大震度7を観測した。その直後に最大九・三m以上（福島県相馬市）の巨大な津波が広範囲にわたって沿岸部に押し寄せた。間接被害による災害関連死を含めて、二〇二一年時点で、死者は二万人近くに上り、行方不明者は二五〇〇人を超えている。震災によって全壊した住家被害は約一二万戸、発災直後の避難者は約四七万人、仮設住宅などの入居者は最大で一二万戸以上に及んだ。

この大震災では、特に大津波に見舞われた太平洋沿岸部の多くの地域が壊滅的な被害を受けた。国土交通省の二〇一一年八月四日時点の被害調査では、青森、岩手、宮城、福島、茨城、千葉の六県六二市区町村について、浸水範囲全体五三五㎢のうち、市街地における浸水範囲は約一一九㎢となっている。建築物の損壊で地域をみると、建築物全壊の区域は約九九㎢、建物の多くが半壊した区域は約五八㎢であった。

大火災による被害が大きかった関東大震災の消失面積が約三五㎢、都市直下型地震であった阪神・淡路大震災の土地区画整理事業の実施面積が約二・六㎢であったことを考えると、直接被害だけでも広範囲にわたっていることがわかる。また、道路、鉄道、空港などの物流・交通インフラの被害は広範囲に及んだ。道路橋の流出や法面崩壊などにより高速道路で一五路線、国道で約一七一区画、県道で五四〇区画が通行止めとなった。宮城県仙台市から三陸沿岸地域を縦走する国道四五号線をはじめ、東北地方を中心に太平洋沿岸部における道路の被害が著しかった。沿岸部では、ほとんどの企業が建屋・家屋被害を受け、しかも全壊が約六割を占めるなど、企業活動が不可能なほどの壊滅的な被害が発生した。

東日本大震災では、大地震とそれに伴う大津波によって東北から関東にかけての漁業が壊滅的な被害を受けた。宮城・岩手・福島の三陸沿岸部を抱える県において、宮城県と福島県の全漁港が被災し、岩手県でも被災をまぬがれた三漁港を除き大打撃を受けた。水産加工施設については岩手県で１／３、宮城県で３／４の工場が全壊した。さらに、福島県では、原子力発電所の事故により、漁獲量や操業時間に制約が設けられたほか、養殖魚介類の出荷が制限された。その結果、二〇一一年には漁獲量が、岩手県で前年比四一％減、宮城県で同四二％減、福島県で同三七％減となった。これらの極度の状況変化は、沿岸地域の経済活動に大きなダメージを与え、雇用の減少をもたらし、生活の困難さを生み、住民がその地を離れていく結果となった。さらに避難していた住民が戻ってくる機会も少なくなり、この地の人口減少は加速することとなったのである。

一部の地域では復興への取り組みが功を奏し、極端な人口減少の食い止めや観光客の増加を実現したところもある一方で、現在も復興活動が思うように進んでいない地域も少なくない。ここで一つの疑問が生じる。沿岸部における地震・津波の間接被害は、すべてが「直接被害」から引き起こされるものなのだろうか。

例えば、前述した被害の状況を示した沿岸部での漁獲量は、震災前からすでに年々減少傾向にあったはずである。水産業を支える労働者人口も震災前から減少傾向は緩やかに起こっていた。東日本大震災によって、震災前からその地域社会に存在する脆弱性が顕在化され、望まない状況への移行速度が高められたといえる。地域のレジリエント社会を創るために解決すべき問題は、そもそもどのような問題に起因するのかを理解しなければならない。問題の複眼的理解という点で東日本大震災での事例から学ぶことは多い。

3　新型コロナウイルス感染症（COVID‒19）等の感染症との複合災害を予測する

本節では、避難所生活の長期化による予防医療、特に小児予防接種の破綻についての事例を基に各種災害における感染症の問題について解説する。災害後の医療需要では外傷性疾患が注目されるが、患者数の点において、復興期では感染症が大きな問題となる。二〇二三年現在では、二〇二〇年から世界中に拡大したCOVID‒19の影響を無視することはできない状況にある。

（1）COVID‒19の特徴

COVID‒19の原因はSARS‒CoV‒2ウイルス、いわゆる新型コロナウイルスである。このウイルスはヒトに感染するコロナウイルス七種類のうちの一つであり、中東において流行しているＭＡＲＳ、過去に香港をはじめ台湾で流行したＳＡＲＳと同じ種類のコロナウイルスである。

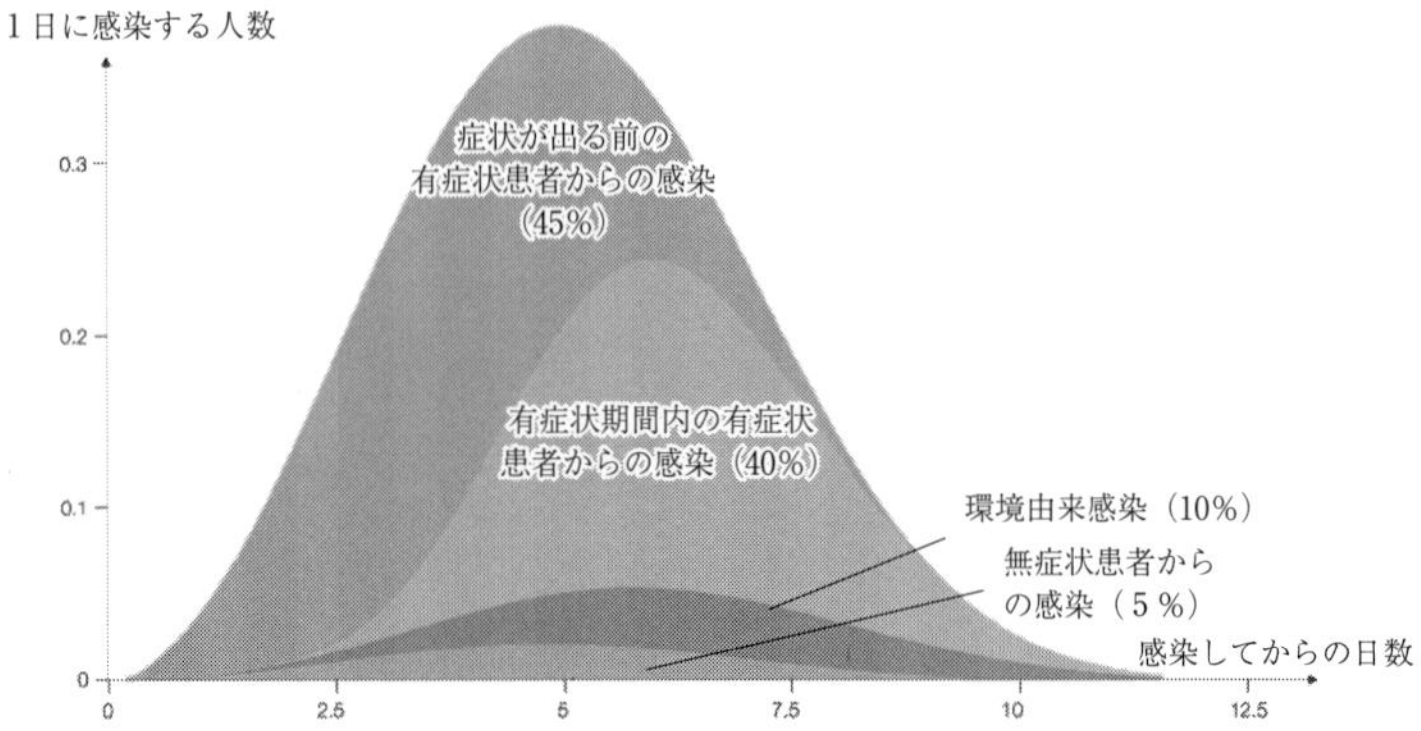

図2－3　感染した日からの感染性の推移（新型コロナウイルス）

出所：Ferretti et al.（2020）を基に大路剛作成。

この新型コロナウイルスの特徴として、軽症患者において、潜伏期間（感染してから発症するまでの期間）は一四日間程度で、発症の二日前に感染性を持つようになることが知られている。その変異株では有症状期間の中央値は約五日で、発症した後一〇日程度でほぼ人への感染性はなくなると考えられている（図2－3）。

新型コロナウイルスの感染性について、感染した日からの推移を示した図2－3をみると、有症状の人からウイルスに感染した人は四〇％程度である。これに対し、最も多い四五％の人が症状が出る前の患者から接触感染（次項参照）していることがこのウイルスの最大の問題である。

このウイルスの臨床症状としては、接触者調査で初めてわかるような無症状のタイプから、熱や肺炎がなく味覚や嗅覚障害だけを呈するタイプ、熱だけを呈するタイプ、高熱とウイルス性肺炎をきたすタイプなど様々である。また、インフルエンザと同様にウイルス性肺炎後に細菌性肺炎を合併する場合もある。二〇二一年以降の変異株では味覚・嗅覚障害の発症率が非常に低くなり、その意味でも他の感染症との区別がつきにくくなってきている。

（2）　感染症の感染経路を理解する

ウイルスの感染経路を理解することは、感染経路別の予防策を立てる時に非常に重要である。インフルエンザやCOVID−19を含む主な気道感染症を起こす病原微生物の感染経路は大きく三つに分類される。

まず、①接触感染である。咳や痰や鼻水などの体液への直接の接触によって、またはこれらにより汚染された環境の接触によって感染する。あるいは、汚染されたものを触った手を介して鼻、口、目から体内に入ることもある。次に、②飛沫感染がある。くしゃみ、咳、二m以内の会話などによって飛沫を直接吸い込むことで感染する。そして、③空気感染は、飛沫核が微生物を含む微粒子である時に起こる。飛沫核は、定義上では空中を浮遊する五μm以下の小さい粒子であり、吸い込むと肺胞まで達するものを指す。空中を浮遊する飛沫核は気流に乗り、長い間浮遊する。古典的な空気感染の原因となる病原微生物としては、麻疹ウイルスや結核菌が挙げられる。麻疹ウイルスの感染力は非常に強力で、午前中に麻疹ウイルスを排出した患者がいる部屋に三時間後に入った人が感染した例が報告されている。

COVID-19の代表的な感染経路は、接触感染と飛沫感染だと考えられており、麻疹ほどの空気感染は現時点においては確認されていない。接触感染は、感染者に直接触れた場合と、飛沫に汚染された表面を触れた場合があるが、COVID-19は前者が多いと考えられている。そして、飛沫感染のケースでは、会話、咳やくしゃみの際に出る飛沫を無防備に吸入して感染していると考えられている。さらに、その他の経路として、エアロゾル感染が挙げられる。医療機関において患者の痰を吸引することによって生じた微小な霧状のエアロゾルに口、鼻や目が曝露することによって、医療従事者が感染した例が報告されている。また、密集した閉鎖空間において咳や発声などで発生したエアロゾルに曝露することによって感染しているケースも報告されている。

(3) 自然災害と感染症

自然災害とは、「暴風、豪雨、豪雪、洪水、高潮、地震、津波、噴火その他の異常な自然現象により生ずる被害をいう」（被災者生活再建支援法第二条第一号）。災害直後の医療需要は外傷性疾患が大きくなる。外傷以外にも一定の医療設備があれば治療可能のはずの感染症も自然災害直後では問題となるため、外傷への医療体制と同時に、感染症と自然災害の関連についても理解しておくことが望ましい。自然災害直後の感染症の大きな流行は稀である。災害から少し経過した後、または復興期において感染症流行が起こることが一般的である。

(4) 災害時の公衆衛生

災害時における感染症の流行は、公衆衛生インフラに深く関係している。公衆衛生インフラとは、公衆衛生を維持し改善するために不可欠な基盤となるシステム、資源および能力を指し、医療施設、医療従事者、研究・教育機関、医療用品や薬のサプライチェーンなどがある。基本的な公衆衛生インフラが無くなる場合、感染症の死亡率が数年単位では二〇〜三〇倍程度、平時より増えると考えられている（Hogan & Burstein 2007）。一九九五年の阪神・淡路大震災、二〇一一年の東日本大震災、いずれも地域単位での公衆衛生インフラは壊滅したが、他地域からの支援などで回復できたと考えられる。しかし、将来起こると予測されている南海トラフ巨大地震などの超広域型災害では、長期かつ広域でインフラが壊滅するとされている。

災害時において、遺体が感染症流行の原因になると恐れられることがあるが、遺体自体が細菌やウイルスなどによる集団感染の原因となることは一般的には少ないと考えられている。例外的に、一部の感染症では、患者の体液での感染が大流行の原因となり得る場合がある。飲料水用の水源に遺体が入ることは避けるべきである。一般的には、遺体の処理は素手では行わないことが原則であり、これを守っていれば、遺体が大規模な感染症流行の原因となることは自然災害では考えにくいとされている。

(5) 災害直後の感染症流行による死亡リスク

災害後の感染症死亡原因の代表は、麻疹、消化管感染症、呼吸器感染症である。麻疹は、予防接種を未接種の状態で、かつビタミンAが不足していると死亡率が非常に高くなる。消化管感染症は、伝染性の強いコレラや病原性大腸菌などが原因で、抵抗力の弱い子どもなどが感染すると死に至る場合がある。呼吸器感染症は、細菌性肺炎であり、インフルエンザウイルスなどにより、特に復興期フェーズで問題となることがある。今後は、新型コロナウイルスがこの呼吸器感染症に含まれる。

(6) 復興期フェーズにおける感染症

避難所では、人が密集することで、飛沫感染や空気感染が起こりやすくなり、呼吸器感染症が流行しやすくなる。また、汚染された水や食物、排泄物を伴う経口感染と接触感染による消化管感染症も流行しやすいとされている。これらを防ぐために、一般的には、緊急ワクチンの集団接種や、防護具の装着や行動様式の変容による流行予防などの対策が考えられてきた。

① 呼吸器感染症への対策

緊急ワクチン集団接種による流行予防が有効なのは麻疹である。特に未接種者やビタミンA不足の小児が多い場合は、最優先でワクチンの集団接種が行われる。同様に集団発生する髄膜炎菌もワクチンが存在するが、避難所内で流行した場合に接種が考慮される。日本では髄膜炎菌の集団流行は比較的少ないため、集団接種の対象になることはあまりない。

その他の代表的な呼吸器感染症であるインフルエンザや肺炎球菌のワクチンの効果は不明である。

防護具装着や行動様式の変容による流行予防の観点では、水がなくとも速乾式消毒剤（エタノール製剤）によってインフルエンザの流行が減らせる可能性が報告されている。したがって、これらの呼吸器感染症は麻疹以外のものであれば、アルコールによる手指衛生剤や流水手洗いで流行予防が期待できる。また、全員でのマスク装着、常時マスク装着は、理論的には新型コロナウイルスも含めて流行予防が期待できるのではないかと考えられる。

② 消化管感染症の対策

コレラ、腸チフスなどの経口感染する消化管感染症には、ワクチンが存在するものの、大量予防接種はあまり推奨されていない。麻疹ワクチンほどの有効性がないことによると思われる。一方、安全な水と食物を確保し、清潔な水による手洗いとアルコール製剤を利用することで、生活環境や飲食環境に病原微生物を持ち込まないことが理論的には有効である。ただし、ノロウイルスなど消化管感染症の原因となる一部のウイルスではアルコールの効果は十分ではないとされているが、石けんと流水手洗いは有効である。したがって、ノロウイルスなどが含まれる可能性がある嘔吐物や下痢便などは密封し、できれば埋めるなどの処理が望ましい。また、ノロウイルスなどに有効な次亜塩素酸ナトリウムで汚染された部位を拭き、清潔に保つことなども、生活環境にこれらのウイルスを持ち込まないためには有効だと考えられる。

③　避難の長期化において起こる様々な問題

多くの避難所や避難キャンプにおいて問題となるのは、きれいな水の不足である。不足すると、清潔な水による手洗いができなくなるばかりか、安全な飲料水が入手できなくなり、消化管感染症の増加を招く恐れがある。災害では上下水道が破壊され、残存した水が汚染される可能性が高くなる。被災地外部からの補給には、ロジスティクスの構築が非常に重要となる。また、水が無い上に手指消毒剤も不足した場合、呼吸器感染症ばかりか、同じく接触感染を起こす消化管感染症の予防もままならなくなってしまう。簡単な医療行為であっても医療従事者を介した感染症伝播が起こってしまう可能性もある。

避難が長期化すると、防護具の問題も浮上する。医療機関において手袋、マスク、袖付きガウンなどが不足すると、医療従事者が媒介する医療行為関連感染症が増加することが知られている。医療従事者自身の感染リスクも増加し、避難所や避難キャンプなどでの医療行為はかなり制限されることになる。例えば、マスクの全員着用ができなくなると、

COVID-19やインフルエンザなどの呼吸器感染症が伝播するリスクも高くなる。また、手袋の不足は、素手での排泄物や吐瀉物の処理を強いるため、消化管感染症の伝播リスクが増加する。さらに年単位の長期的な視点で考えると、予防接種率が低下することで、通常では流行するはずのない疾患が流行することがある。特に、前述の麻疹は、その感染力および致死率の高さから、流行すると非常に大きな問題となりえる。

④ COVID-19存在下における災害後の避難

COVID-19の対策をすることは、避難所での旧来の呼吸器感染症の予防にも役立つ。水、食料、公衆衛生インフラの残存度も考慮しながら避難所の運営をしなくてはならない。

具体的に避難所での対策を考えてみよう。安全な水が不足した場合、井戸水をろ過して煮沸する、手指の衛生としてアルコールを確保することなどが考えられる。換気の悪い場所において、密集しないようにするための空間が確保できない場合は、同一家族を密集させるなどの対策がある。また、避難所内でマスクの常時着用ができない場合、避難者の滞在空間を分けたり、空いた宿泊施設を活用したりすることが考えられる。このように生じる問題ごとに使用可能なリソースに応じて対策を考えることが現場では非常に重要である。

注

（1）二〇二三年三月一〇日現在、世界全体で感染者数が約七億六〇〇〇万人以上、死者が約六九五万人（COVID-19 Data Repository by the Center for Systems Science and Engineering at Johns Hopkins University）

（2）目時和哉（二〇一三）を一部修正。

（3）大地震両川口津浪記石碑については、長尾（二〇〇八）に詳しい。

参考文献

奥村弘（二〇一八）「歴史と文化を活かした地域づくりと地域歴史遺産」奥村弘ら編『地域歴史遺産と現代社会』（地域づくりの基礎知識①）神戸大学出版会、一一－三〇頁。

気象庁（n. d.-a）「数値予報とは」（https://www.jma.go.jp/jms/kishou/know/whitep/1-3-1.html、二〇二四年一月八日アクセス）。

気象庁（n. d.-b）「数値予報の精度向上」（https://www.jma.go.jp/jma/kishou/know/whitep/1-3-9.html、二〇二二年二月二三日アクセス）。

鬼頭宏（二〇〇〇）『人口から読む日本の歴史』講談社。

警察庁緊急災害警備本部（二〇二三）「平成二三年（二〇一一年）東北地方太平洋沖地震の警察活動と被害状況」（https://www.npa.go.jp/news/other/earthquake2011/pdf/higaijokyo.pdf、二〇二三年八月二〇日アクセス）。

高度情報科学技術研究機構（二〇二二）「構造の分からない地殻の変形を予測する——常識を超えた大規模地震シミュレーション」『ＨＰＬＣマガジン富岳百景 Vol. 9』（http://fugaku100kei.jp/mag/09/、二〇二四年一月八日アクセス）。

神戸大学震災復興支援プラットホーム（二〇一五）『震災復興学——阪神・淡路20年の歩みと東日本大震災の教訓』ミネルヴァ書房。

都市丸ごとのシミュレーション技術研究組合（二〇二一）「IES（神戸モデル）社会実装『技術研究組合』」（https://cityscalekobe.jp/newspress/、二〇二二年二月二三日アクセス）。

豊田利久・河内朗（一九九七）「阪神・淡路大震災による産業被害の推定」『国民経済雑誌』一七六（二）一－一五。

内閣府（二〇一六）「Society 5.0 第5期科学技術基本計画」。

長尾武（二〇〇八）『安政南海地震津波の教訓——大地震両川口津浪記』。

目時和哉（二〇一三）「石に刻まれた明治二九年・昭和八年の三陸沖地震津波」『岩手県立博物館研究報告』三〇、三三－四五頁。

柳澤和明（二〇一七）「『日本三代実録』にみえる五大災害記事の特異性」『歴史地震』三二、一九－三八頁。

Ferretti, L. et al.（2020）“Quantifying SARS-CoV-2 transmission suggests epidemic control withdigital contact tracing” *SCIENCE* 368（6491）（DOIV: 10.1126/science. abb6936）.

Hogan, D. E. & J. L. Burstein（2007）*Disaster Medicine Second edition,* Lippincott Williams & Wilkins.

Ichimura, T. et al.（2022）“152K-computer-node parallel scalable implicit solver for dynamic nonlinear earthquake simulation” *International Conference on High Performance Computing in Asia-Pacific Region,* January12-14,（DOI: 10.1145/3492805.3492814）.

Meteorological Service Singapore（n. d.）Past Climate Trends（http://www.weather.gov.sg/climate-past-climate-trends/, 2022. 2. 28.）.

National Research Foundation Singapore（n. d.）Virtual Singapore,（https://www.nrf.gov.sg/programmes/virtual-singapore#:~:text=Virtual%20Singapore%20is%20a%20dynamic,private%2C%20people%20

and%20research%20sectors, 2022. 2. 28.).
UNDRR/CRED（2020）The human cost of disasters: an overview of the last 20 years（2000–2019）(https://www.undrr.org/publication/human-cost-disasters-overview-last-20-years-2000-2019, 2023. 8. 20.).

第3章　社会システムとその脆弱性

――システム思考で原因を探索する

祇園景子

毎日の生活は、たくさんの複雑なシステムによって成り立っている。上下水道システム、発電・送電システム、物流システム、交通システム、教育システム、ｗｅｂシステム、就業管理システムなど、枚挙に暇がない。本章では、人々の集団としての営み、つまり社会というものをシステムとして考えることで、その状況を理解したり、ある状態を引き起こす原因を探索する方法を取り上げる。複雑な状況を観察して整理する時、入り組んだ問題を解決するために単純化する時、異なる事象の共通点を調査する時、あるいは、新しい製品・サービスを立案する時など、様々な局面で事象をシステムとして捉えて考えることが役に立つだろう。

第1節では事象をシステムとして捉える時の基本的な考え方としてシステム思考を紹介し、その際に注意しておきたい階層性、すなわち「抽象度」と「漏れなくだぶりなく」の考え方にも触れる。第2節でシステムを描くこと（システムアーキテクチャ）を練習し、第3節ではシステム思考を使って因果関係を分析する方法を紹介する。そして、最終節でシステムを取り囲むコンテキスト（背景）が変化することでシステムが受ける影響を分析して、システムの脆弱性を考えてみたい。

1　システム思考

(1)　システムの概要

自動車に乗って仕事へ出かけたり、スマートフォンで友人にメッセージを送ったり、動画を視聴したり、すべてはあなたが他者や物、情報などと相互に関係して成立している。すなわち、そこにはシステムが存在している。次に、システムについての説明を二つ紹介する。

「システムとは、要素とそれらの関係の集合であり、その機能は個々の要素を合わせたものよりも大きい。システムは、相互に作用する、あるいは相互に関係する要素から成る。要素が相互作用する時は、個々の要素の機能よりも大きい、あるいは個々の要素の機能とは異なる機能が発現する。」（クロウリーら 二〇二〇、一部改変）。

「システムとは、定義された目的を達成する、要素、サブシステム、またはアセンブリが統合された一まとまり。これらの要素には、製品（ハードウェア、ソフトウェア、ファームウェア）、プロセス、人、情報、技術、設備、サービス、およびその他のサポート要素が含まれる。」（ウォルデンら 二〇一九）

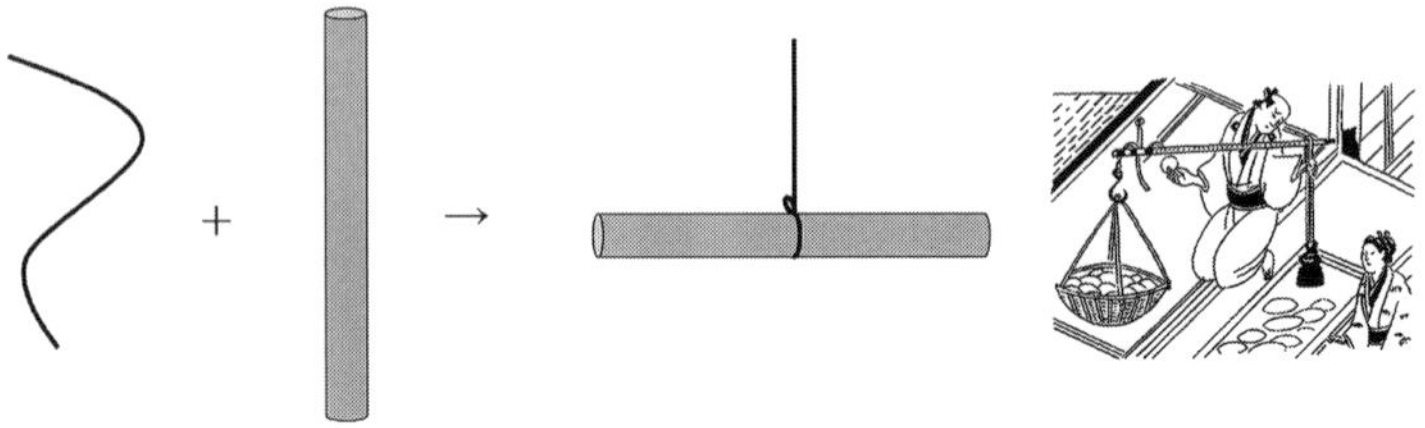

図３－１　創発（紐と棒の組み合わせ）
出所：『精選版 日本国語大辞典』掲載図を転載して筆者作成。

誤解を恐れずに簡単にいえば、システムとは、要素が関係して、全体を構成し、その全体が何らかの目的を果たしているもののことである。

システム全体としては、各々の要素の機能を単純に足し算するだけでは説明できない機能を持つことになる。これを創発という。例えば、ここに冷たい水が入ったペットボトルがあるとする。冷たい水そのものは、喉を潤す機能や熱いものを冷ます機能がある。一方、ペットボトルは液体を保管することができるし、注ぎ口から液体を出し入れすることができる機能を持っている。この両者が一体になると、もちろん、喉が渇いた時に水を飲む目的に利用されるが、その他にも、きらきらと光ることで猫よけに利用できるし、重さを利用して筋トレ用のダンベル代わりにもなる。個々の要素の機能を合わせたものよりも、システム全体の機能は大きくなる。

あるいは、例えば、一本の紐と一本の棒があるとする（図３-１）。紐は物を縛ったり束ねたりすることに用いる細長いものである。棒は片手で振り回すことのできるくらいのもので、木製でも金属性でもよい。両者が合体すると、各々の機能を足しただけでは説明できない、重さを量る機能が生まれる。紐と棒の二つの要素が組み合わさることで、物体に働く重力の大きさを比較できるシステムをつくることができる。ただ、望ましい機能ばかりが創発するわけではない。例えば、私たちは自動車を運転することで、とても速く遠いところまで移動することができるようになった。しかし一方で、私たちは自動車で交通事故を起こして、人の命を奪ってしまう機能をも持つことになった。システムは、私たちの意図しない機能を持つことがある。

自動車に乗って仕事へ出かけたり、スマートフォンで友人にメッセージを送ったり、動画を視聴したりすることは、あまりにたくさんの人や物、情報などが関係しているので、あなたはすべてを理解することは不可能のように思うかもしれない。しかし、丁寧に一つひとつ要素を記述していくことで、問題が生じた時に何が原因になっているのかを理解する一助になる。各要素が相互に関係した集合として考え、事象をシステムとして捉える考え方をシステム思考と呼ぶ。ただし、システム思考によってシステムの一部や要素を見ることができても、そのシステム全体を完全に理解できるわけではないことを頭の片隅に留めておいてほしい。アメリカのシステム科学者であるピーター・M・センゲは、システム思考を以下のように説明している。

> 「雲が立ちこめ、空が暗くなり、木の葉が風に巻き上げられると、もうすぐ雨が降るとわかる。また、豪雨で流れていく水が何キロメートルも離れたところの地下水に流れ込むことも、明日には空が晴れることも、私たちは知っている。こういった出来事はすべて、時間的にも地理的にも離れているが、すべて同一のパターンの中でつながっている。それぞれがほかのものに影響——たいていは目に見えない影響——を与えている。豪雨のシステムは、その全体を考えることで初めて理解できるのであり、どこであろうとパターンの一部分を見ることでは理解できない。」（センゲ 二〇一一）

(2) システムの目的

システムの目的とは、そのシステムによって達成させる事柄であり、システムに期待される役割であり、存在理由である。例えば、自動車のシステムの目的は地表のある地点から別の地点へ人や荷物を輸送することにある。義務教育システムの目的は「国民が共通に身に付けるべき公教育の基礎的部分を、だれもが等しく享受し得るように制度的に保障するものである」(文部科学省 二〇〇五)。堤防のシステムの目的は人家のある地域に河川や海の水が浸入しないようにすることである。

システムをつくる場合、どのようなことをするためのものなのか、そのシステムで何がしたいのかを明確にしておくことで、システムに要求される機能を理解することができる。なお、システムの目的を設定できない場合もある。例えば、自然現象である豪雨や太陽系のシステムの目的を定めることは難しいだろう。

(3) 要　素

システムは、相互に作用する要素から成る。要素は、製品(ハードウェア、ソフトウェア、ファームウェア)、プロセス、人、情報、技術、設備、サービスなどのあらゆるものを指す。

表３－１　義務教育システムの構成要素とその視点

視　点	要　素		
組　織	小学校		中学校
教育内容	算数（数学）	国　語	理　科
	社　会	英　語	体　育
人	生　徒	教　員	職　員
インフラ	教　室	運動場	体育館
	図書室	実験室	視聴覚室

出所：筆者作成。

竿秤の要素は紐と棒である。義務教育システムの要素は小学校と中学校であるし、あるいは算数（数学）、国語、理科、社会、英語、体育などともできるだろう。このように、システムを要素へ分解する時には、視点（切り口）を定める必要がある。前者は組織の視点から、後者は教育内容の視点から要素を挙げている（表３－１）。もし時間割をつくる時には、教育内容の視点から要素を検討するだろうし、給食を提供する量を考える時には、人の視点から要素を列挙することになるだろう。検討したい事柄によって、要素分析の視点が決まってくる。視点が決まれば階層（抽象度）に気を付けながら漏れなくだぶりなく要素を列挙するとよい。

システムの要素を考え続けると、要素をどんどん細かく分けられることがわかる。例えば、義務教育システムは小学校と中学校からなり、さらに小学校は一学年から六学年

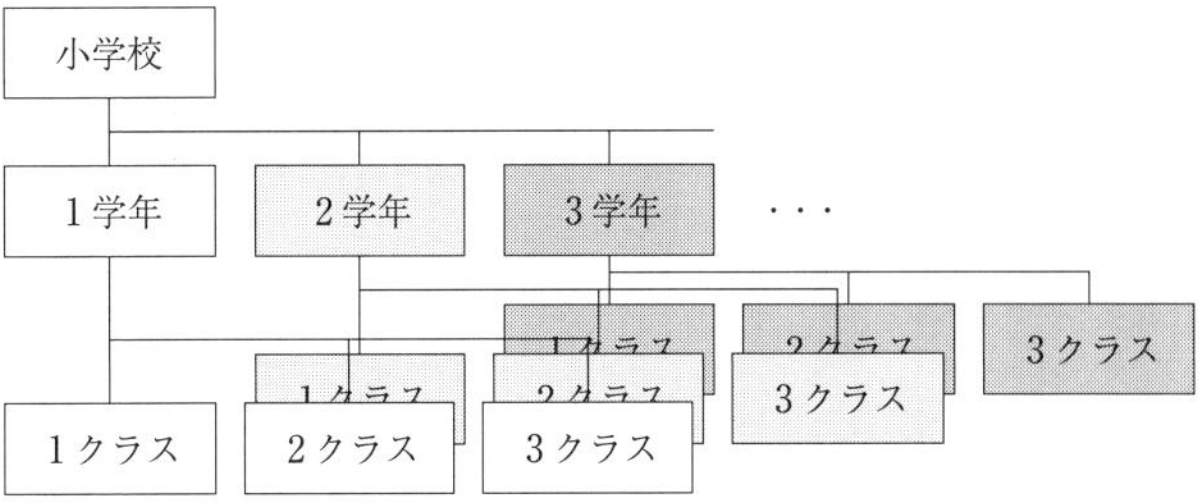

図3－2　小学校のシステム構成

出所：筆者作成。

に分けられ、各学年にクラスがある。さらに具体的にしていくと、生徒個人になる。小学校のシステムが、各学年のシステムで構成され、各学年のシステムは各クラスのシステムで構成されて、階層があることがわかる（図3－2）。

ここで、事象をシステムとして捉えるための事前手法として、ロジックツリーについて説明しておきたい。ロジックツリーは、事象を分析する際に構成要素を分解して考えるために使うフレームワークである。例えば、大阪から東京へ行く方法を考えてみよう。飛行機で行くか、新幹線で行くか。様々な選択肢を網羅的に列挙するのにロジックツリーを作成すると図3－3のようになる。ロジックツリーの横の要素は漏れなくだぶりなく（MECE：Mutually Exclusive Collectively Exhaustive）の関係にあり、縦の要素は抽象度が変化し、上に行くほど抽象的、下に行くほど具体的になっている。MECEに考えるためのフレームワーク

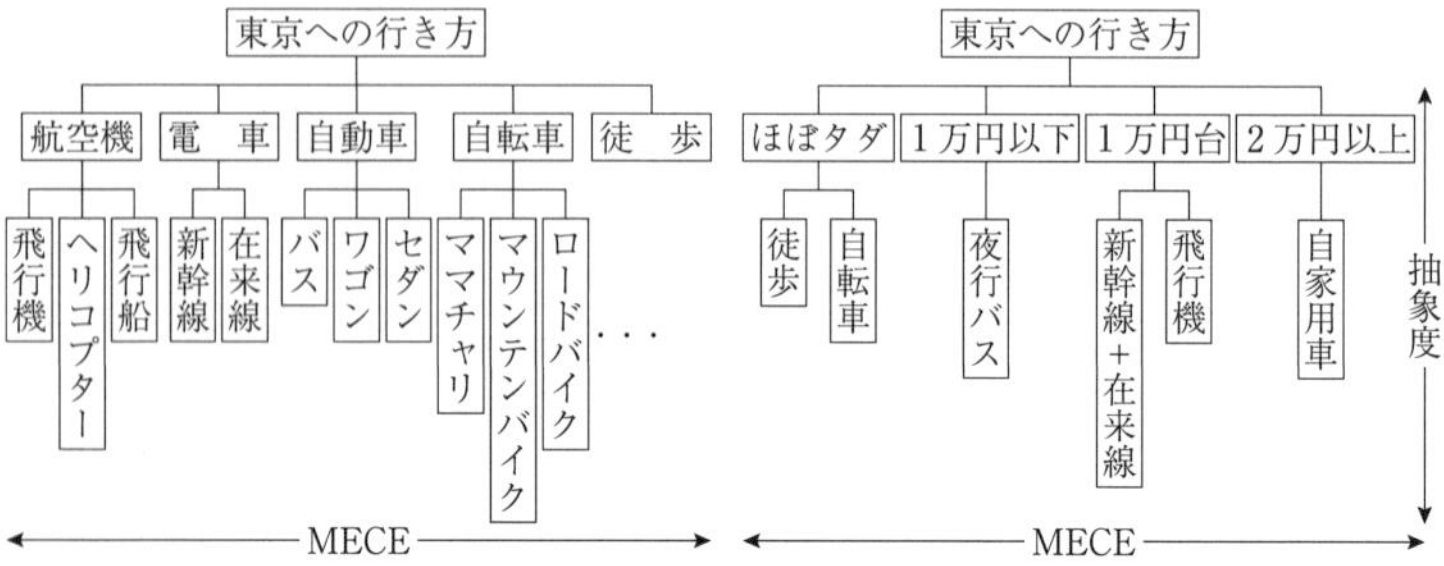

図３－３　大阪から東京へ行く方法に関する２種類のロジックツリー
出所：筆者作成。

は様々なものが知られている。経営資源としてよく使われるヒト・モノ・カネや、３Ｃ（顧客／Customer、競合／Competitor、自社／Company）分析、ＳＷＯＴ（強み／Strengths、弱み／Weaknesses、機会／Opportunities、脅威／Threats）分析などがそうである。

さらに、東京へ一万円以下で行くなら、ロジックツリーを図３－３の右のようにつくることができる。ロジックツリーは作成の目的が変わることによって切り口が変わり、その構造が変わることがわかるだろう。

(4)　要素と機能・形態

要素は、機能と形態を持つ。機能とは、要素が担っている役割で、働きのこと。機能がシステムの目的を可能ならしめる。一方、形態とは、存在する物そのものである。形態が機能を可能ならしめる。機能は動詞と目的語、

表3-2　竿秤と義務教育の機能と形態

システム	要　素	機　能	形　態
竿秤	紐	支点をつくる	紐
	棒	作用点・支点・力点間の長さを示す	棒
義務教育	小学校	初等教育を教える	学校1
	中学校	中等教育を教える	学校2
義務教育	算数（数学）	計算を教える	科目1
	国　語	日本語を教える	科目2
	理　科	自然科学を教える	科目3
	社　会	社会科学を教える	科目4
	英　語	英語を教える	科目5
	体　育	運動を教える	科目6

出所：筆者作成。

形態は名詞で表すことができる。竿秤と義務教育の要素の機能と形態は表3-2の通りとなる。

(5) 要素間の関係

システムは、構成要素が相互に関係している。要素同士が作用することで、システムの機能が現れる。竿秤は紐と棒が相互作用することで重さを量る機能が現れるし、義務教育は小学校と中学校がつながっているからこそ教育システムとして成立している。また、要素の関係には、機能的な関係と形態的な関係がある。前者は、要素間で何らかの操作、移動や交換を行っていることを指し、動的な性質を持つ。具体的には、竿秤における紐と棒

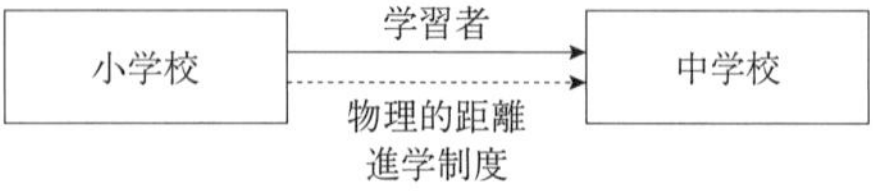

図3-4　小学校と中学校の機能的な関係と形態的な関係
出所：筆者作成。

の間では棒が平行になるようバランスを取る力が働いているし、義務教育システムにおける小学校と中学校の間では学習者が移動している。一方、形態的な関係とは、要素同士をつなぐために存在する構造や状態のことで、静的な性質を持つ。形態的な関係は機能的な関係の手段である。竿秤は紐が棒にくくりつけられていなくてはならないし、義務教育では小学校と中学校は物理的距離が近い方がよいだろうし、エスカレーター式に進学する制度が必要だろう（図3-4）。

(6) システムの境界

システムの要素を決定する際に、システムの境界を決める必要がある。システムの境界とは、システムの中と外を分けるものであり、何がシステムの内側にあり、何がシステムの外側にあるのかを明確にする。システムを調べたり、描いたりする時、無限のシステムを考えることは能力的に不可能であるため、境界を決定することを迫られる。境界の外側をコンテキスト（背景）と呼ぶ。コンテキストはシステム

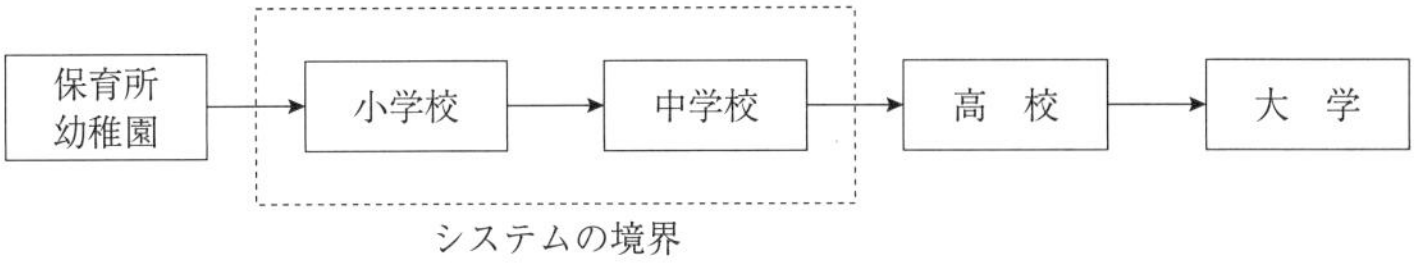

図3-5　義務教育システムの境界

出所：筆者作成。

を取り囲むもので、システムのすぐ外側にある要素のことである。小学校へ入る前は、保育所や幼稚園に通っている子どもがいるし、中学校を卒業した後は高校・大学へ進学する人たちがいる。したがって、義務教育システムの境界の外側には保育所や幼稚園、高校や大学が存在している（図3-5）。

システムの境界を設定する時には、これらの点を踏まえ、次のことについて検討するとよい。

① 取り扱う（べき）要素が含まれているかどうか
・調査する対象となっている要素
・設計・開発する必要のある要素
・目的を達成するために必要な要素　など

② 制度、法律、契約などの形態的な関係による境界があるかどうか

③ 伝統やしきたりとして設定された境界があるかどうか

④　コンテキストとの関係が設定できるかどうか

2　システムアーキテクチャ

システムをモデル化・構造化して表現したものを、システムアーキテクチャと呼ぶ。システムアーキテクチャの作業手順は、①目的を定めて、②必要な要素（機能・形態）を明らかにし、③要素間の関係を考える、の三点である。これらの作業を反復的に行いながらシステムを完成させていく。また、順序通りに行うことはまれである。本節では、救急サービスのシステムを基に、これらの点について解説する。

(1)　目的を定める

救急サービスの目的は、傷病者を救急搬送することである。なお、消防法には、「救急業務とは、災害により生じた事故若しくは屋外若しくは公衆の出入する場所において生じた事故…（中略）…又は政令で定める場合における災害による事故等に準ずる事故その他の事由で政令で定めるもの…（中略）…による傷病者のうち、医療機関その他の場所へ緊急に搬送する必要があるものを、救急隊によって、医療機関その他の場所に搬送すること（傷病者が医師の管理下に置かれるまでの間において、緊急やむを得ないものとして、応急の手当を行うことを含む。）をいう」（消防法（昭和二三年法律第一八六号）第二条第九項）とある。目的を的確に定義することは、必要な要素を明らかにしやすくするだけでなく、他者と認識を共有することにもつながる。都度、言葉の定義から議論しはじめると、一向に話が進まなくなってしまうが、言葉を定義せずに議論を進めると、齟齬が生じることがあるため、必要に応じて言葉の定義をすることが大切である。

システムの目的は、この次に考える要素や要素間の関係に大きな影響を与えることになる。ここでは、「傷病者を救急搬送する」ことをシステムの目的と置いたが、「傷病者が治療を受けられる状態にする」こととしたらどうだろうか。遠隔医療が普及するだろう未来の救急サービスを考える場合は、後者を目的と定めると、物理的な課題から解放された状態でシステムを考えることができるようになる。

（2）必要な機能を明らかにする

システムアーキテクチャにおいて要素を考える時には、要素の機能と形態を分けて考えるとよい。例えば、傷病者を救急搬送する機能を持つ形態は、救急車が挙げられるだろう。しかし、この機能を持つ形態は救急車だけではない。自家用車も傷病者を搬送する機能はあるし、担架も搬送する機能がある。あるいは、車いすでも、ヘリコプターでもよい。機能を担うことのできる形態は複数ある。まずは、システムの目的を果たすためには、どのような機能が必要であるかを考える。そして、その機能を担う形態を当てはめることで、システムの要素を明らかにしていく。こうすることで、形態にとらわれることなく要素を考えることができるようになる。

システムに必要な機能は、そのシステムがどのように動くのか、どのように使われるのかを順を追って整理することで漏れなくだぶりなく列挙することができる。一般に、システムの機能を整理することを、要求機能分析と呼ぶが、ユースケースやユーザーストーリーといった方法が使われることがある。救急サービスのシステムの機能を考えるために、救急サービスを主語にしてユースケースを大まかに記述すると次の上段のようになる。これらが、下段のようにそのままシステムに必要な機能とすることができる。

U1.　患者から救急の連絡を受け取る

F1.　患者から救急の連絡を受け取る機能

U2.　患者の状態を確認する　　　　　　F2.　患者の状態を確認する機能
U3.　患者を搬送する　　　　　　　　　F3.　患者を搬送する機能

(3) 機能間の関係を考える

機能が決まったら、それらの関係を考える。システムアーキテクチャの表現方法はいくつかあるが、ここでは機能を時系列に並べて矢印でつないでみよう。救急サービスの場合、図3-6のように示すことができる。矢印で示しているのは機能的な関係である。何らかの操作、移動や交換について記述する。図3-6ではF1からF2とF3へ患者の情報が移動しているとした。

(4) 機能を実現する形態を考える

機能の流れを記述したら、次にそれらの機能を可能ならしめる形態を検討する。例えば、F1からF3の機能を担う形態をそれぞれ通信室、救急隊員、救急車とすることができるだろう。そして、これらは消防という形態が担っている（図3-6）。これらの機能を担うことができる形態は他にも考えられる。F2を担うことができるものは、家族かもしれないし、

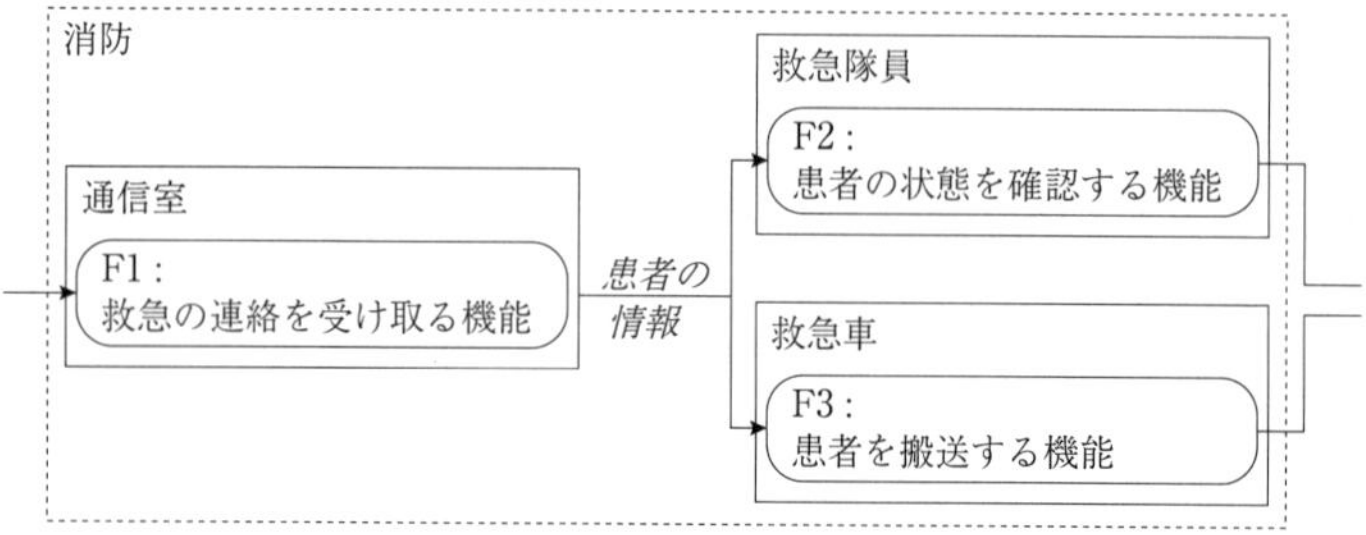

図3－6　救急サービスの要素間の関係

出所：筆者作成。

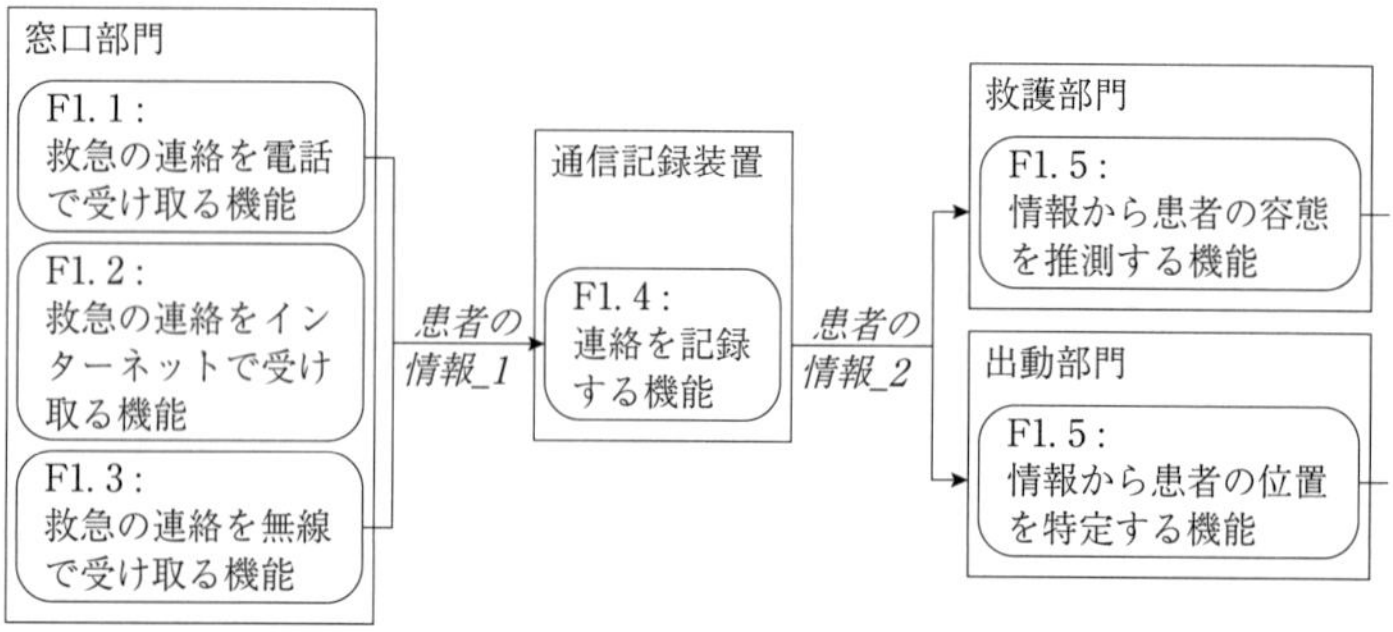

図3－7　救急サービスの「連絡を受け取る機能」のサブシステム

出所：筆者作成。

見守りロボットかもしれない。F3を担うことができるものは、近所の人たちかもしれないし、ドローンかもしれない。このように様々な形態を検討することで、新しいシステムを構築することが可能になる。

（5） システムの境界を決める

システムにはサブシステムがある。これは、一つの機能をさらに詳細に具体的化した機能で記述ができることを意味する。例えば、「連絡を受け取る機能」をさらに具体化すると、図３－７のような機能が挙げられる。逆に、図３－６に示すシステムも大きなシステムのサブシステムである。このようなシステムの階層性を踏まえて、対象とするシステムの内側と外側を検討することで、システムの境界を決定することができ、コンテキストとの関係が見えてくることになる。

3　因果ループ

システム思考は、システムアーキテクチャだけでなく、事象をシステムとして捉える時にはいつも使われる。因果関係を考える時にもシステム思考を使うことができる。ここでは、①目的を定めて、②必要な要素を明らかにし、③要素間の関係の順に考えながら、因果ループ図をつくる。因果ループ図は、一つの要素の値の変化が、他の要素の値にどのように影響を与えていくのか、複数の要素の関係が平衡をもたらすのか、あるいは増強（拡大や衰退）をもたらすのかを描き、要素の因果関係をモデル化するために利用される。本節では、洪水が起こる仕組みを考えることで、この点について解説する。

(1) 目的を定める

河川の洪水の原因を考える場合のシステムの目的（この場合は結果というのがふさわしい）は、「洪水」である。ちなみに、洪水とは、「河川の水位や流量が異常に増大することにより、平常の河道から河川敷内に水があふれること、及び堤防等から河川敷の外側に水があふれること（水文学における『洪水』の定義では、降雨や融雪などにより河川の水位や流量が異常に増大すること）[1]」である。

(2) 必要な要素を明らかにする

洪水が起こる過程を順に整理することで、要素を考えてみるとよい。要素の形態は水（雨・雪）で、その挙動を書き出してみよう。例えば次のようになる。

1-1. 雨が降る
1-2. 雪が融ける
2. 水がダムにたまる
3. 水がダムから放流される

4. ダムの水が減る
5. 河川の水が増える
6. 水が河川敷にあふれる
7. 水が堤防を越える
8. 水が家屋に浸入する

(3) 要素間の関係を考える

因果ループ図で示す関係は、当然ながら因果関係である。原因が増えると結果も増える関係をポジティブ因果リンクといい「＋」で、原因が増えると結果が減る関係をネガティブ因果リンクといい「－」で表す。また、描いた因果ループの中にネガティブ因果リンクがゼロあるいは偶数個あるループを増強ループといい、奇数個あるループを平衡ループという。因果ループ図を描くことで、介入効果が大きい要素や介入しやすい要素を検討することができる。可能な限り元となっている原因に対して介入した方が効果を確かなものにできるが、「雨が降る」のように要素によっては介入できないこともある（図３－８）。

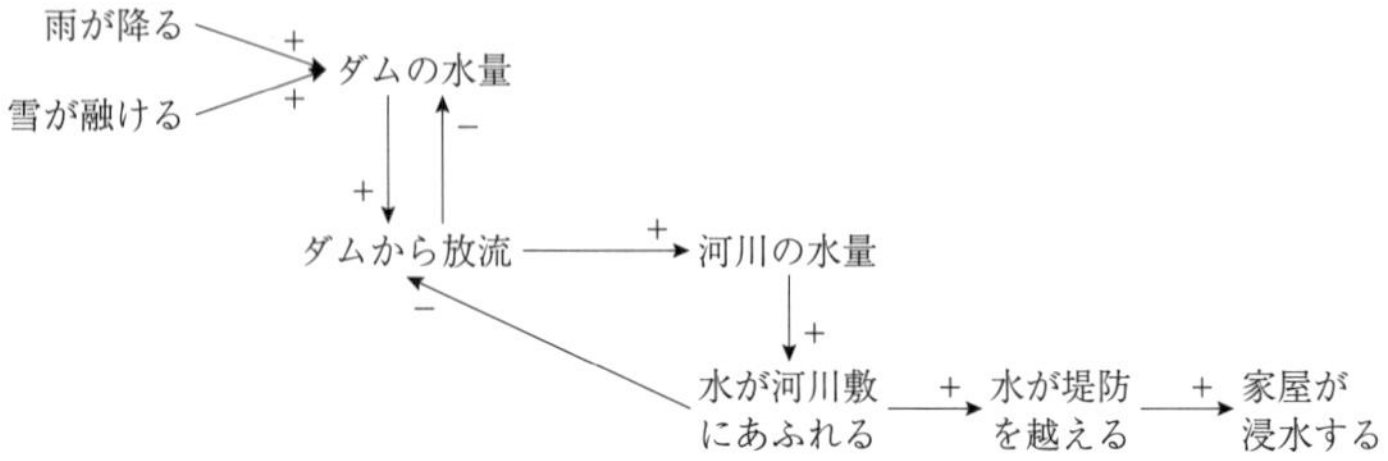

図3－8　洪水の因果ループ図

出所：筆者作成。

(4) システムの境界を決める

もしあなたが河川敷を設計する場合、システムの境界を「水が河川敷にあふれる」の前後に設定することになる。因果ループ図から、河川敷の水量がダムからの放流の可否に影響するだろうし、堤防の大きさや構造にも影響することを考慮しなくてはならないことがわかる。また、堤防を設計する場合であれば、家屋への浸水に直接影響するため、家屋との関係を検討する必要があることがわかるだろう。

4　社会システムの脆弱性

社会システムとは、複数の人、物、情報などの要素が相互作用している集合体である。これらの要素は一度に複数の社会システムの構成要素となりうる。社会システムの例としては、家族、コミュニティ、組織、企業、都市、産業、国家などが挙げられる。社会システムの考え方の提唱者にはタルコット・パーソンズやニコラス・ルーマンがいる。社会システム論を深く学びたい人は、彼らの原著（パーソンズ　一九七四、ルーマン　一九九三）を参照されたい。ここでは、人の営みをシステムとして捉え、要素とそれらの相互作用を検討することで社会システムの脆弱性を探索する過程について、救急サービスを例に解説する。

災害は、極度の状況変化と脆弱性との関係から生じ、次のように示すことができる。

災害＝極度の状況変化×脆弱性

極度の状況変化とは、特定の場所で特定の強度で発生する地震や噴火、豪雨、感染症などで引き起こされる変化のことで、二次的な危険（例えば、地震による地盤沈下や火災、豪雨による地滑りなど）も含まれる。これらは、歴史的資料やコンピュータシミュレーションから予測することが可能になってきている（第2章参照）。一方、脆弱性は、極度の状況変化によって受ける損傷に対する感受性のことで、地震による建物の壊れやすさや豪雨による浸水のしやすさ、あるいは倒壊した建物の再建しにくさ、避難する時の近所の協力体制の不備など様々な物事が含まれる。また、このような点は、極度の状況変化が起こって（発災して）はじめて顕在化することもあり得る。

システムの脆弱性は、発災によって、①システムの形態が機能を担うことができなくなることや、②システムに必要な機能が変化することによって発生する場合と、③システムのコンテキスト（背景）が変化することによって発生する場合がある。救急サービスの例でシステムの脆弱性を考えると、大きな地震が発生した時、①救急車（形態）が壊れて出動できなくなってしまったり、②一人ずつではなく一度に大勢の人を搬送すること（機能）が必要になるだろう。また、③道路が壊れてしまった（コンテキストが変化した）時に、救急車で傷病者を搬送できなくなる事態が発生する。つまり、道路を使わずに患者を搬送する機能が求められることで脆弱性が現れることになる。

救急サービスにどのような脆弱性が顕在化するか書き出してみると、次のような事柄が挙げられるだろう。

① システムの形態が機能を担うことができなくなる

・救急車が壊れる

・電話が壊れる
・救急救命士がいなくなる　など

②　システムに必要な機能が変化する
・大勢の人を搬送する機能
・地震の被害状況がわかる機能
・がれきの下から出動する機能　など

③　システムのコンテキストが変化する
・道路が壊れる
・同時に多数の患者が発生する
・電話、インターネット回線が不通になる
・病院が機能不全となる（患者を受け入れられなくなる）　など

システムのコンテキストを分析する方法としては、第4章のＰＬＥＴＥＣＨを参照されたい。ＰＬＥＴＥＣＨとは、発災によってシステムのコンテキストが極度に変化してしまうことを網羅的に、すなわち政治（Politics）、法律・規制（Law/Legal）、経済（Economics）、技術（Technology）、環境（Environment）、文化（Culture）、人間（Human）の七つの視点から分析するフレームワークである。これは対象とするシステムに影響するコンテキストを多角的に検討することができる。システムのコンテキストを調査する場合には、フィールドワークを勧める。極度の状況変化が起こった、あるいは起こるであろう現地を観察することにより、自分が考えていたことを裏づける一次情報を得られるだけでなく、自分が考えていたことを覆す事象に遭遇することもある。

私たちは、システムの脆弱性を検討すると同時に、解決策を考えてしまいがちである。解決策を考えてしまうと、必然的に実現可能性やコストなども頭の中に浮かび上がってしまい、とたんに介入できる脆弱性（要素）の取捨選択をすることになる。まずは、解決策を考えることは後回しにして、機能を担うことができなくなる形態と新たに必要となる機能を分析することに集中するとよいだろう。このように、思考の発散と収束を同時に行うのではなく、切り分けることで脆弱性を漏れなく考えることができ、かつ革新的な解決策のアイデアが出やすくなる（祇園 二〇二〇）。

注

(1) 気象庁「天気予報等で用いる用語」(https://www.jma.go.jp/jma/kishou/know/yougo_hp/kasen.html、二〇二二年一月一〇日アクセス)。

参考文献

ウォルデン、デイビッド・D、ゲリー・J・ロードラー、ケビン・J・フォルスバーグ、R・ダグラス・ハメリン、トーマス・M・ショーテル編／西村秀和監訳(二〇一九)『システムズエンジニアリングハンドブック 第四版』慶應義塾大学出版会。

祇園景子(二〇二〇)「問う――発散思考と収束思考」國部克彦・玉置久・菊池誠編『価値創造の考え方――期待を満足につなぐために』日本評論社。

クロウリー、エドワード、ブルース・キャメロン、ダニエル・セルヴァ／稗方和夫訳(二〇二〇)『システム・アーキテクチャ――複雑システムの構想から実現まで』丸善出版。

センゲ、ピーター・M／枝廣淳子・小田理一郎・中小路佳代子(二〇一一)『学習する組織――システム思考で未来を創造する』英治出版。

パーソンズ、タルコット／佐藤勉訳(一九七四)『社会体系論』青木書店。

文部科学省(二〇〇五)「義務教育にかかる諸制度の在り方について(初等中等教育分科会の審議のまとめ)」(https://www.mext.go.jp/b_menu/shingi/chukyo/chukyo0/toushin/attach/1419867.htm、二〇二二年一月九日アクセス)。

ルーマン、ニコラス／佐藤勉監訳(一九九三)『社会システム理論』恒星社厚生閣。

第4章　問題を設定する

——レジリエント社会と極度の状況変化による影響を受けた社会とのギャップ

鶴田宏樹

本章では、極度の状況変化のプロセスと結果を的確に認識し、より良い状態に移行させるために顕在化した問題の本質を考える。第1節でそもそも問題とは何であるかを考え、第2節で問題が設定できない場合に検討すべきことを整理し、第3節で問題の見方について解説する。

1 問題とは何か

レジリエント社会を創るために取り組むべき問題とは何であろうか。それは、レジリエント社会へ移行させるために持続的に進める事業である。もちろん、この事業には、いわゆるビジネスという言葉で置き換えられるものもあれば、復興を実現する政策の立案や制度の設計も含まれる。問題を解決する事業とは、対象となる人や地域に「利益をもたらす(Gain Creation)」あるいは「痛みを取り除く(Pain Relief)」という価値が与えられるものである。ビジネスの分野でも「マーケティング3・0概念」(コトラーら 二〇一〇)や「価値共創」(プラハラード&ラマスワミ 二〇一三)という概念が注目されているように、消費者(ユーザー)の満足や事業の差別化に加えて、どんな社会を創りたいかを考えて、それ

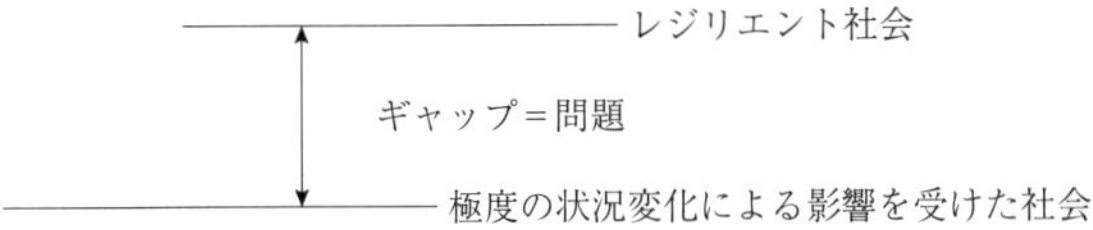

図4-1　問題はギャップ

出所：筆者作成。

を共有し、ビジネスを生み出すことが求められている。つまり、消費者と社会が抱える問題から新しいビジネスは生まれるのである。災害をきっかけにして生じた、あるいは顕在化した問題を解決するレジリエンス人材の取るべき姿勢は、起業家のそれと同じであるといえる。

では、そもそも問題とは何だろうか。日常会話でもよく「問題がある生徒」や「問題視する」など、ネガティブな事象をあいまいに表現する時に使われる。しかし、レジリエンス人材が対峙すべき問題は、そのようなあいまいなものではなく、次のように定義するものである。問題とは、何かしらの目標とそれに対する動機づけがあるが、到達の方法や道筋がわからない、試みてもうまくいかない状況のことである。この「何かしらの目標」をレジリエント社会として捉えると、私たちが対峙すべき問題とは、極度の状況変化による影響を受けた社会とレジリエント社会のギャップであると考えることができる[1]（図4-1）。

また、ギャップとして定義される問題にもいくつかの種類がある。現状と目標、そして解決において利用可能な手段が明確となっている

表4－1　良○○問題と悪○○問題

良○○問題	悪○○問題
良定義問題（well-defined problem） 初期状態，目標状態，利用可能な手段が明確な問題	悪定義問題（ill-defined problem） 定義が不明確な問題
良構造問題（well-structured problem） 解決の手順が明確な問題	悪構造問題（ill-structured problem） 解決の手順が不明確な問題
良設定問題（well-posed problem） 解が唯一存在する問題	悪設定問題（ill-posed problem） 唯一の最適解が存在するように設定されていない問題

出所：慶應義塾大学SDM研究科での講義内容を基に筆者作成。

問題を「良定義問題（well-defined problem）」、解決の手段が明確な問題を「良構造問題（well-structured problem）」、そして、解が唯一存在する問題を「良設定問題（well-posed problem）」という。これらの問題は、高校受験、大学受験で経験した問題そのものであり、あらかじめ解き方も答えも準備されており、問題を解く人はその解法を「選んで」解答するのである。これに対して、定義が不明確な問題を「悪定義問題（ill-defined problem）」、解決の手段が不明確な問題を「悪構造問題（ill-structured problem）」、そして、一番厄介な、唯一の最適解が存在するように設定されていない問題を「悪設定問題（ill-posed problem）」という（表4－1）。

悪○○問題とは、実社会で出合う問題そのものである。また、大学生や大学院生、研究者にとっては、研究でのリサーチクエスチョンそのものである。レジリエンス人材が対峙する問題も悪〇〇問題である。問題がどのようなものなのか、そして解決する手段をどうするのか、そして得られた解をどう評価するのか、これらを頭の中で思考して右往左往しなければならないのである。

2　問題の本質を捉えられない時とは

現状とより良い状態とのギャップとしての問題を、しっかり捉えられているだろうか。次のような落とし穴にはまると、問題の本質を見誤ってしまう（安斎・塩瀬 二〇二〇）。本節ではレジリエンス人材が問題を捉える時にありがちな落とし穴を例とともに紹介する。

（1）　レジリエント社会の設定を間違えている

問題を定義する前提となるレジリエント社会を的確に描けていない。つまり、目的・目標が構想、設定できていない。震災からの復興では、復興計画を立てる時に、被災地域をどのような場所にしていきたいのか、誰（問題の受益者：第3節参照）にとってのレジリエント社会かが明確になっていない場合がある。例えば、東日本大震災で被災した地域を考

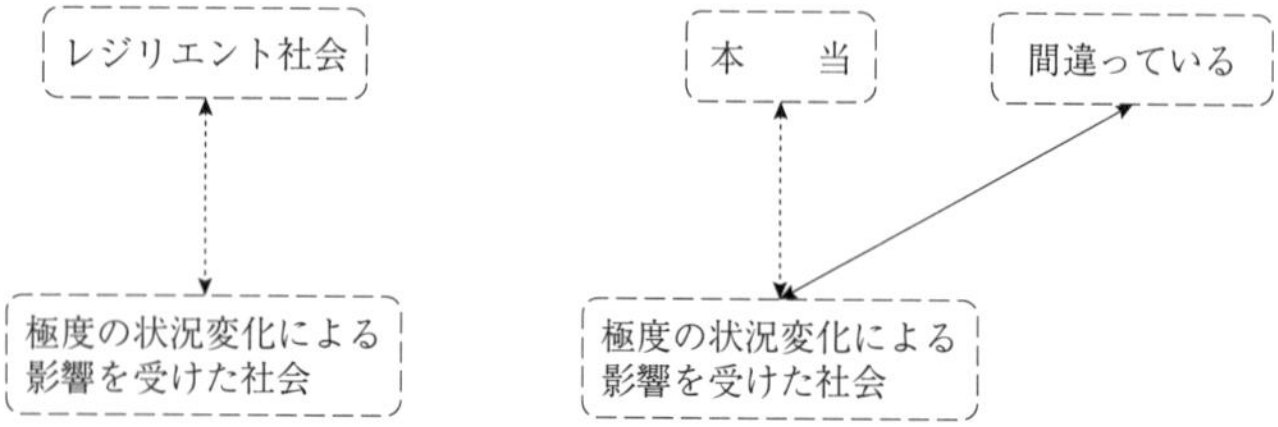

図4－2　レジリエント社会の設定ミス
出所：安斎・塩瀬（2020）を基に筆者作成。

える時、沿岸部と内陸部では震災前の生活様式も違うだろうし、望んでいるものも違う。たとえ極度の状況変化による影響を受けた社会が仮に似たようなものであっても、望むレジリエント社会の状態が違えばギャップも変わる。つまり、レジリエント社会の姿を明確にしなければならないのである（図4－2）。

（2）極度の状況変化による影響を受けた社会をしっかりと描けていない

極度の状況変化による影響を受けた社会に関する知識・スキルが不足していて、正しく理解できていないことが原因となる。発災直後の直接被害、そして時間が経つにつれて顕在化する間接被害を受けた社会、それは、建物やインフラの状態だけでなく、コミュニティや人間のつながりの状態をも変化させる。極度の状況変化による影響をできるだけ正確に予測し（第2章参照）、その影響によって社会がどのように変容するのかを丁寧に描いていく必要がある。刻々と変わる被災した社会を十分に理解した上で、レジリエント社会とのギャップを捉えないといけない。（図4－3）。

(3)「ギャップ」には構造があることを理解できていない

問題となる構造をあいまいにしたまま、解決しようとする。極度の状況変化による影響を受けた社会とレジリエント社会のギャップである問題には、その課題となる要素がたくさんある。いわゆる問題の構造を理解せずに、とりあえず「見えている」問題が解決すべき問題であると考えてしまう。そうすると、レジリエント社会に到達するために本当にすべきことが見えなくなる。例えば、東日本大震災で被災した沿岸部で考えてみると、「震災以降、人口が急激に減少しているから、共同住宅を建てよ」「雇用者数が減ったから、工場を誘致するための土地を整備せよ」など、人口や雇用者数の減少の真の課題を探ろうともせず、「見えている」問題を解決しようとする。

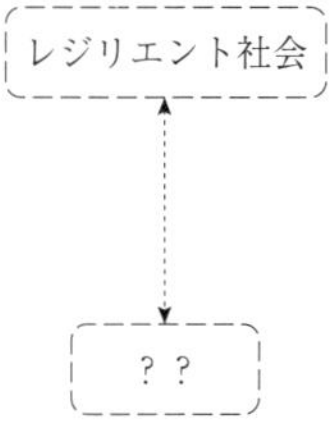

図4－3　極度の状況変化による影響を受けた社会の見通しの甘さ

出所：安斎・塩瀬（2020）を基に筆者作成。

これで「人口が増加している」、あるいは「雇用の機会が豊富である」というよりレジリエントな状態に

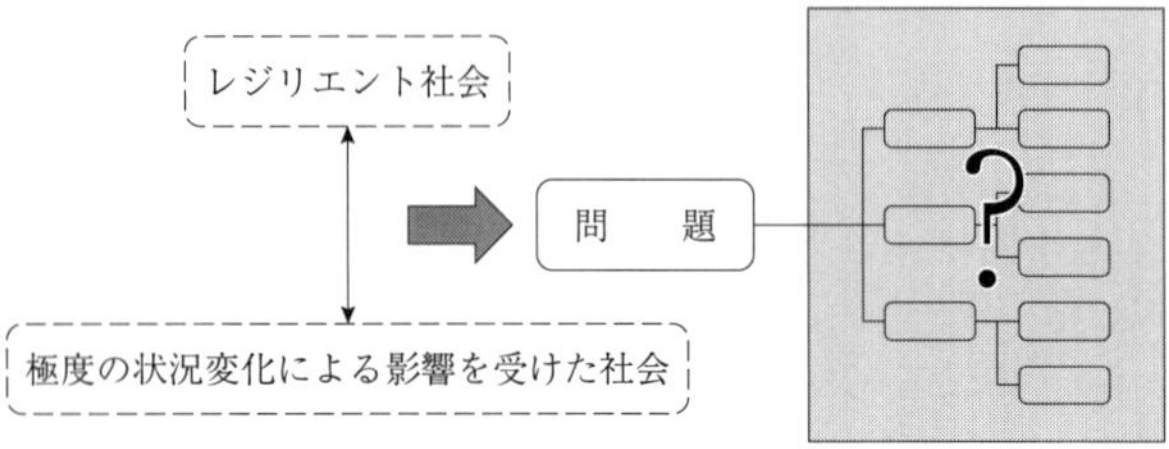

図4－4　問題の構造が見えていない

出所：安斎・塩瀬（2020）を基に筆者作成。

到達できるであろうか。「見えている」問題には、その問題を引き起こしている要因がある。そして、その要因を引き起こす要因がある。問題には構造があって因果でつながった「深さ」がある。問題に構造があることを理解していないと、どの要因が問題の本質なのかがわからなくなり、取り組むべき課題の優先順位が付けられていないと、一度にすべてを解決しようして何をしてよいのかがわからなくなる（図4－4）。

（4）目の前にある解決策から問題を捉えてしまう

人間はどうしてもわかりやすいものや自分が考えたものに固執してしまう傾向がある。解決策から離れられない、自分ができそうな解決策だけに目を向けて問題を見てしまう、解決策をはじめから念頭において、固定観念に縛られて問題を捉えてしまう、などが起こりうる。

例えば、東日本大震災の沿岸部の人口減少が止まらない次のような漁村を思い浮かべてほしい。

「大津波の被害で漁港が壊滅、住宅もすべて流されてしまった。政府の方針で大規模な防潮堤を建築する予算がつき、一定期間でそれを執行しないといけなくなった。防潮堤は津波の被害から住民の生活を守ることができる有効な手段である。被災した漁村にとっては素晴らしい解決策であるはずだ。問題を解決するために、防潮堤を建設した。できあがってみると、防潮堤の内側からは海は見えない。沿岸部の住民は昔から海の動きを見ることで津波や高潮などの異変を察知してきた。防潮堤のある漁村は住民にとって安全であるが、海が見えなくなって安心感はなくなった。そして、その漁村から住民はいなくなった。」

津波を防ぐ防潮堤は何を守っているのだろうか。これはつくり話であるが、実際に起こっているかもしれない。このように「防潮堤をつくる」という解決策から考えてしまうと、何が問題で、何を解決したかったのかが見えなくなってしまうことがある（図4-5）。

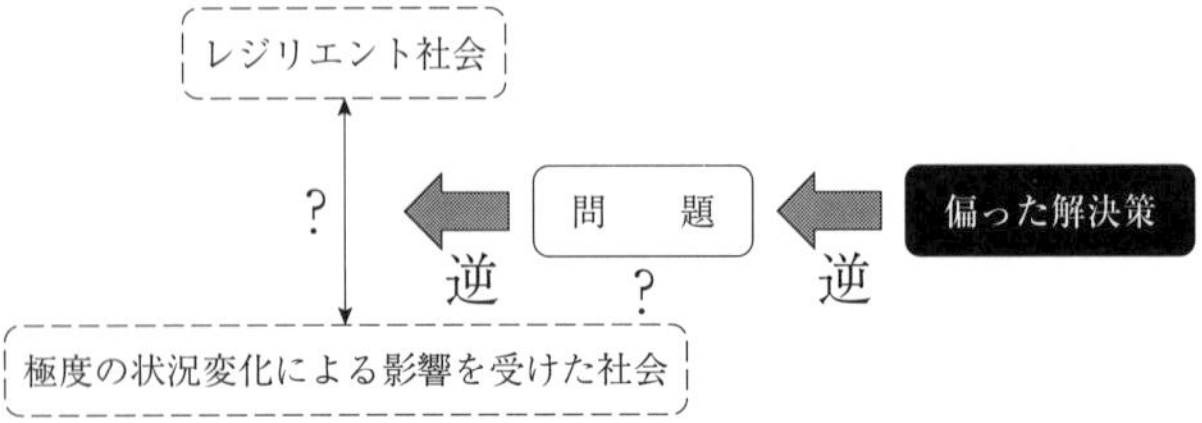

図４-５　解決策から考えてしまう
出所：安斎・塩瀬（2020）を基に筆者作成。

３　問題の本質の捉え方

これまでに問題が捉えられない時について述べてきた。では、問題の本質はどのように捉えればよいのか。問題を「多視点」で見ること、問題の構造の「深さ」を理解すること、そして、「問題解決の受益者」を認識することで、その本質を捉えることができる。そこで、本節ではこれら三点について解説する。

（1）多視点

大規模災害による直接被害が間接被害につながることや、災害以前の社会システムの脆弱性が被害を拡大させることなどを考えると、レジリエント社会と極度の状況変化による影響を受けた社会のギャップである問題には、見えている問題だけでなく、見えている問題につながる多様な要因があることがわかる。

復興に関連して取り組むべき問題には、経済的な観点で問題を見た場合と、文化的な観点、技術的な観点、環境的な観点などで問題を見た場合では、異なる要因が見えてくる。現状からより良い状態への移行で越えなければならないギャップとは、多くの側面がある問題なのである。レジリエント社会を創るために解決すべき問題は複数ある。問題の本質を捉えるためには、複数の視点でギャップを見る必要がある。

震災からの復興を考えると、見えている問題は、震災の直接被害と間接被害の影響、そもそもの社会システムの脆弱性が複雑に絡み合っている。それらの問題には、政治（Politics）、法律・規制（Law／Legal）、経済（Economics）、技術（Technology）、環境（Environment）、文化（Culture）、行動・心理など人間（Human）が影響している。問題の実像を捉えるためには、このＰＬＥＴＥＣＨ視点（図４－６）による分析フレームワークが活用できる。問題を多視点で見ることで、自らが取り組むべき問題の範囲を認識することを支援するツールである。

大災害で被災し、若者世代の人口流出が加速した架空の地域「レジリ村」があるとする。レジリ村の問題をＰＬＥＴＥＣＨ視点で考えてみる。レジリ村で、「若者が集まる地域」という「より良い状態」へ到達するための問題を考えた場合、そこにある問題は、「若者

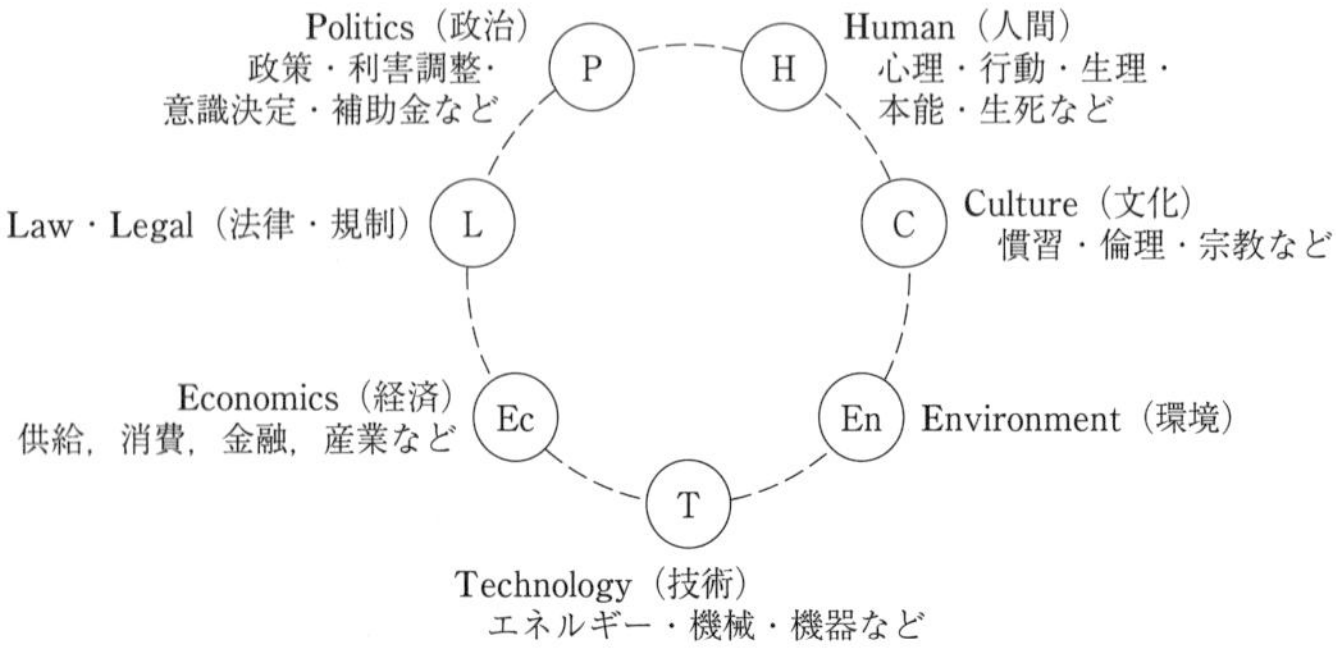

図4－6　PLETECH視点
出所：「レジリエンス人材」育成プログラム開発チーム作成。

が集まらない」ことである。しかし、その問題には、同世代のコミュニティがない、学ぶ場がない、子育ての環境や支援が不十分、防災・減災インフラが未整備、働き口がない・単一である、などの側面がある（図4－7）。次に挙げる問題構造の深さを理解するためにも、問題には様々な側面があることを理解することが重要である。

(2) 深　さ

問題を見えているものだけで捉えてはいけない。問題は、海面上に見えている氷山がほんの一部分であるように、問題の要因となる部分は隠れている。環境科学者であり後にジャーナリストに転身したドネラ・H・メドウズは、見えている出来事を動かしている要因は見えていない所にあり、その見えてい

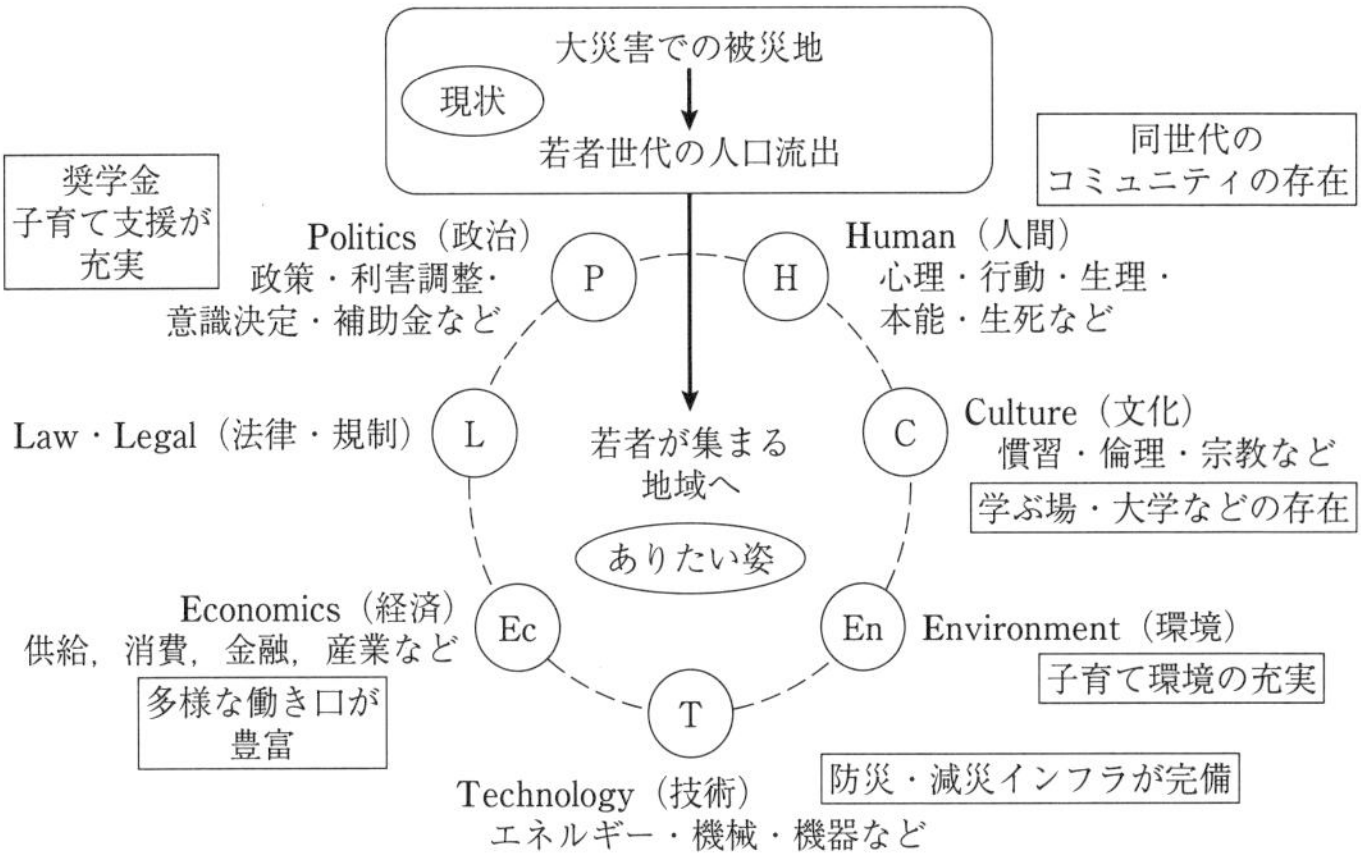

図4－7　レジリ村の問題をPLETECH視点で考える
出所：図4－6と同じ。

ない仕組みを理解しなければならないと述べている（メドウズ 二〇一五）。いわゆる「氷山モデル」である。この考え方は、物事をシステムとして捉えるシステム思考の一つである。出来事を俯瞰し、要因間のつながりを理解、可視化する考え方である。問題の要因が見えていない所に潜んでおり、因果関係でつながっている。「より良い状態」に到達させるために取り組むべき問題をどこに設定するのかは、因果関係でつながった深さのある問題を可視化する必要がある。

前述のレジリ村をまた例に挙げて考えてみよう。「若者が集まらない」という問題には、その問題を引き起こす要因があるはずである。レジリ村は、そもそも若者に知られていないことが要因であるかもしれない。そして、それはレジリ村の情報が少なすぎるのかもしれない。あるいは、この村の高齢者がよそから来る若者を望んでいないのかもしれない。ひょっとすると、若者にとって魅力がないのかもしれない。では、なぜ魅力がないのか。子を持つ若者世代にとって、子育て環境が不十分であるのかもしれない。その不十分な環境には、近所に子どものための教育機関や医療機関などがない、行政の子育て支援策が不十分などの理由があるかもしれない。若者にとって、働き口が魅力となることもある。その働き口がレジリ村にはない。そもそも企業がない。なくても起業すればよいのかもしれないが、その支援体制が皆無であるなどの要因があるかもしれない。

あるいは、若者どころか高齢者も誰もいない。防災・減災のインフラがない、もはや災害を防ぐ方策がなく、すべての住民が離れていった村であるのかもしれない。「若者が集まる地域」という状態に移行するための問題には様々な解決すべき問題の要素が隠れている。「深み」にある要因を見つけ出すためには、問題の構造を理解することが重要である（図4-8）。

(3) 問題解決の受益者

そもそも、その問題は誰の問題か。優先的に解決すべき問題は、問題の構造のどこにあるのか。問題を解決する人（レジリエンス人材）が考えるべきことは、問題解決の受益者、ステークホルダーの属性と動機である。つまり、解決すると誰に価値があるのか、あなたやステークホルダーの興味・関心は何で、何ができて、何を持っているのかを考慮して解決する問題の範囲を決めなければならない。レジリエント社会に対する自分とステークホルダーの期待や価値観といった主観によって、問題を解決する動機が明確になり、課題が設定され、課題に取り組むことで「結果」が生まれる。

その結果が問題解決の受益者になる人々の満足をもたらすものであると、価値が生まれるのである。価値は、期待と満足という主観と、課題と結果という客観が関わり合うことが大切である（國部ら 二〇二一）。課題と結果だけに目を向けるのではなく、ステークホルダーの主観を考えないと価値は生まれてこない。

(4) 問題と課題、そして提供価値

問題と課題という言葉の違いは難しい。辞書を紐解いてみても問題とは課題であったり、

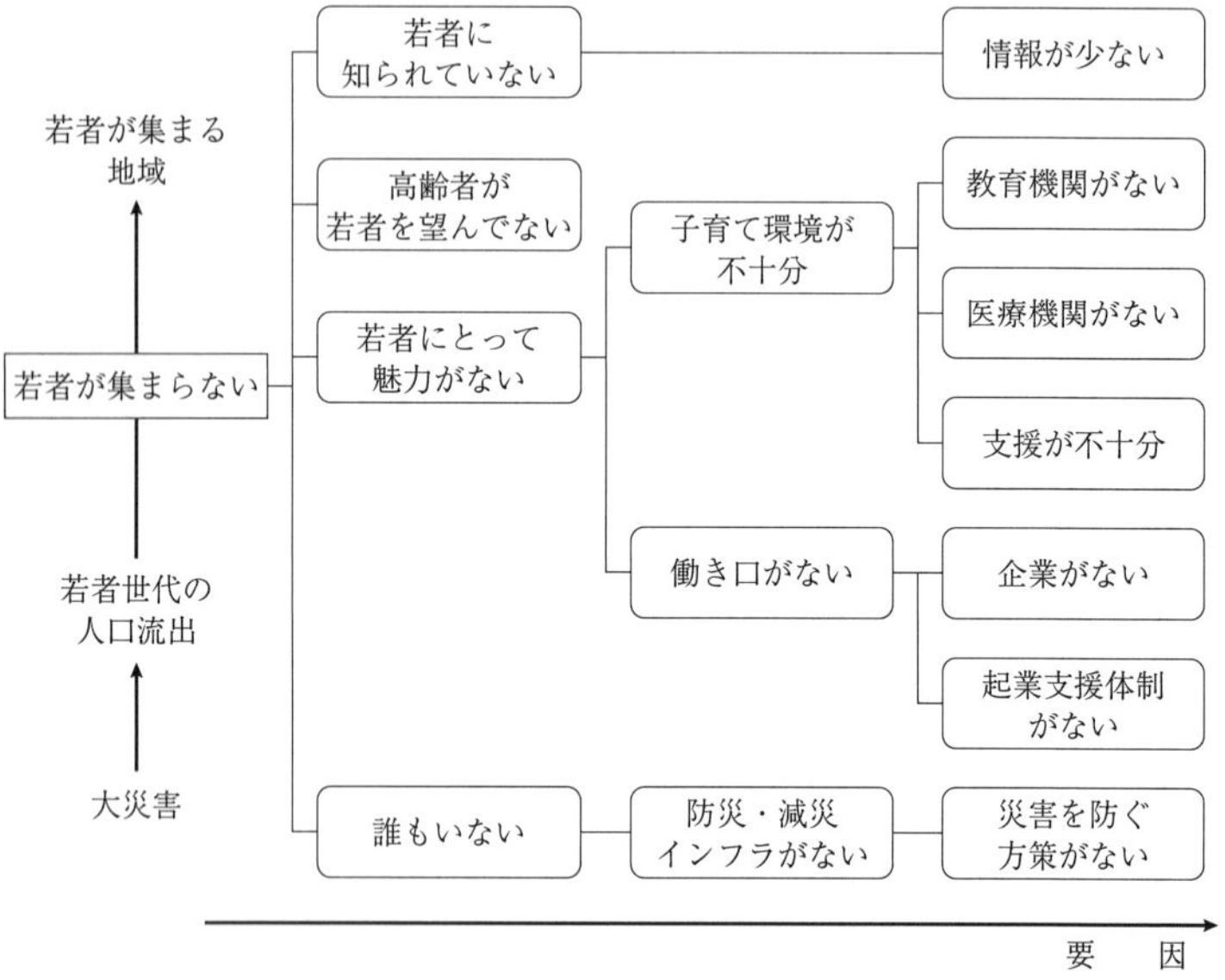

図4-8　レジリ村の問題の構造モデル

出所：図4-6と同じ。

課題に問題が含まれていたりする。前述の通り、本書では問題を、「何かしらの目標とそれに対する動機づけがあるが、到達の方法や道筋がわからない、試みてもうまくいかない『状況』」と定義している。一方、課題を「問題解決に関わる関係者の間で取り組もうと前向きに合意された要因」と定義する。つまり、課題は問題を解決するために取り組むテーマであるといえる(図4-9)。

　問題解決が価値を生むと前項で述べたが、正確にいえば、問題を解決するための課題によって、提供される価値も変わるのである。同じ問題でも解決する要因で得られる結果が変わり、問題解決の受益者に与える満足も変わるからである。

課題の設定には、三つのポイントがある。まず、①実現可能性である。その課題に取り組むときに必要となる資源・手段（第6章参照）を自分たちが持っているか、あるいは調達できるかどうか。次に、②どれくらい社会に影響・効果があるか、つまり社会的意義である。その課題に取り組むことで対象となる地域や人へ「利益をもたらす」あるいは「痛みを取り除く」といった価値を提供できるかどうか。最後は、③本当に取り組みたい課題であるのかどうかという動機づけである。「人に言われて考えた」や「こういうふうに言っておけば優等生的だから」などといった動機では、問題解決への行動にはつながらない。これら三つのポイントが満たされている課題が価値を創造できる課題といえる。

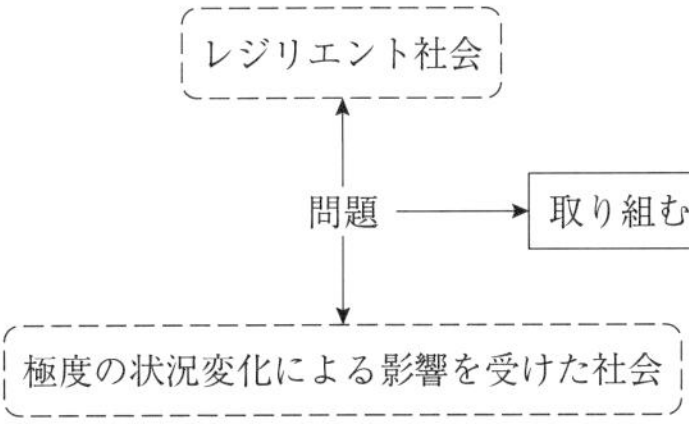

図4－9　問題と課題
出所：安斎・塩瀬（2020）を基に筆者作成。

注

（1）問題を目標と現状の差異と捉えることについてはサイモン（一九七九）に詳しい。

参考文献

安斎勇樹・塩瀬隆之（二〇二〇）『問いのデザイン――創造的対話のファシリテーション』学芸出版社。

神戸大学震災復興支援プラットフォーム編（二〇一五）『震災復興学――阪神・淡路二〇年の歩みと東日本大震災の教訓』ミネルヴァ書房。

國部克彦ら（二〇二一）『価値創造の考え方』日本評論社。

コトラー、フィリップら／恩藏直人監訳、藤井清美訳（二〇一〇）『コトラーのマーケティング3・0――ソーシャル・メディア時代の新法則』朝日新聞出版。

サイモン、ハーバート・A／稲葉元吉・倉井武夫訳（一九七九）『意思決定の科学』産業能率大学出版部。

プラハラード、コインバトール・K、ベンカト・ラマスワミ／有賀裕子訳（二〇一三）『コ・イノベーション経営――価値共創の未来に向けて』東洋経済新報社。

メドウズ、ドネラ・H／枝廣淳子訳（二〇一五）『世界はシステムで動く――いま起きていることの本質をつかむ考え方』英知出版。

Oliver-Smith, A. (1998) “Global Challenges and the Definition of Disaster” in Quarantelli, E. L. (ed.) *What is a Disaster?: A Dozen Perspectives on the Question*, Routledge. pp. 177–194.

第5章　レジリエント社会における三助の役割

——眼前の課題と三助の脆弱性の克服

石田　祐
友渕貴之

本章のテーマは、自助・共助・公助、すなわち三助である。自助は、自分および家族が豊かな生活を送ることができるように、また災害時に受ける被害をなくすように自身で努力することである。共助は、周囲の人や組織が協力したり、協働することによって豊かな生活を享受したり、被害を受けた状況から回復することである。そして公助は、社会における基本的な生活を送ることができるように、また自助や共助では対応しきれない問題の解決のために法や制度を活用することである。自助・共助・公助は、災害や福祉など、助け合いや公的な支援なしには生き抜くのが大変な事象の多い分野においては、基礎的な視点となっている。かたや、ビジネスの世界においてはあまり使用されない用語であるといえる。そういった点において、本章で対象とする三助の位置づけはユニークである。

本章では、起業家や事業者が、レジリエント社会の構築に事業を通じて貢献するというビジョンを実現することを目指した上で、事業・ビジネスの中に、自助・共助・公助を考慮し、事業計画を考えるための視座・方法を解説する。つまり、事業・ビジネスがどのような社会問題にアプローチしているかを、三助のどこを強めるものであるかという点に注目して検討する。

1　補完性の原理とその適用

（1）国際的な定義

本章で扱う三助の概念の基盤には、「補完性の原理（the principle of subsidiarity）」という考え方がある。この考え方が最初に法的文書に明記されたのは、一九九二年二月に調印され、翌年一一月に発効した欧州連合におけるマーストリヒト条約である。その後、見直され、現在の欧州連合条約では、「補完性の原理の下、欧州連合は、その排他的権限に属さない分野において、提案された措置の目的が加盟国によって中央レベルでも地域・地方レベルでも十分に達成されず、むしろ提案された措置の規模や効果によってEUレベルでよりよく達成できる場合にのみ、またその限りにおいてのみ行動するものとする」（EU二〇〇八、筆者ら訳）と記されている。つまり、補完性の原理とは、共同体に加盟する国だけでは目的が十分に達成されない場合や、提案された行動が効果的に実現できなかったり、提案の規模や効果が一国で担うには大きすぎたりする場合において、欧州連合が行動する、としたルールと位置づけられている。また、議定書においては、「可能な限り欧州連合の市民に近いところで決定が行われることを望む」（筆者ら訳）と記されており、できる限り市民に近いところで意思決定がなされることが目指されている(1)。

(2) 日本における補完性の原理

補完性の原理の考え方は、国家間の共同体からサイズを変えて、一つの国とその中に存在する集団や市民との関係にも適用することができる。例えば、一国の中央政府と地方自治体、そして地域の住民と個人に置き換えて考えることができる。日本を例にとると、地方分権化を目指し、地方自治制度のあり方が変わってきている。この過程で、補完性の原理に基づき、「基礎自治体優先の原則」を実現することが必要であるという提案がなされた（第二七次地方制度調査会答申、二〇〇三年一一月一三日）。

端的にいえば、中央政府で一律に何事も決めてきたことによって地域の事情に合わせた独自性が生み出しにくくなっているという弊害を解消するために、各地域の現状に鑑み、その地域が持つ公共ニーズを満たせるよう、地方自治体が「自主的かつ総合的に実施する」役割を担うことを目指すものである。

この点と同様のことを、地方自治法（第二条第四項）で確認することができる。市町村は、「その規模又は性質において一般の市町村が処理することが適当でないと認められるものについては、当該市町村の規模及び能力に応じて、これを処理することができる」と表現されており、規模等に応じて実施する内容を決定できると規定されている。地方分権化においては、できる限り住民に近いところで多くのことが決められるように、また住民サービスの受け皿としての規模拡大が求められた。

それを実現するため、「平成の大合併」と呼ばれた全国的な市町村合併が推進された。一九九九年三月三一日時点で三二三二あった市町村のうち、約２／３の自治体が合併した。特例の経過措置等も終えた二〇一〇年四月には、およそ半分の一七二七市町村に集約され、基礎自治体に包括的な役割が期待された。同時に、問題となっていた権限と財源の移譲も進められていった。

(3)　地方自治体のあり方と共助、公助の変化

地方自治体が担う役割は変化している。明治の大合併が始まる前の自治体は、自然集落という住民の共同による自治がベースとなっていた。そこから、教育や徴税、土木や救済、戸籍といった事務処理を効率的に行うことのできる単位へと移行することになった。結果、

一八八八年に存在していた七万一三一四町村が、翌年四月に三九の市と一万五八二〇の町村へと形を変えた。また、昭和の大合併では、新制中学校の効率的管理を考慮し、その他に新たに地方自治体が担う事務として、消防や警察、社会福祉や保健衛生などを加えるために、規模の合理化を図った。新市町村建設促進法（昭和三一年）に基づき、「町村数を約三分の一に減少することを目途」とした町村合併促進基本計画は、昭和三〇年代後半頃に達成され、一九六五年四月には三三九二団体（五六〇市、二〇〇五町、八二七村）に再編された（総務省 n.d.）。

言い方を変えると、政府で一括管理していたものを、地方自治体が担うようになり、公助の担い手が住民に近くなったということである。また高度経済成長の過程で、地方から都市への人口移動、産業構造や居住選択の変化などにより、コミュニティが従来の役割を担えなくなるという現象も生じた。その結果、集落の共助で担ってきたものの一部が、公助へと移行しなければならなくなった。それぞれの課題は依然として残っており、前者（市町村）においては、行財政基盤の強化と安定化やより広域での連携体制の構築、後者（住民）においては、持続的な地域社会を創るため、地域での日頃の助け合いや災害対応など、コミュニティを運営する自治組織のあり方が模索されている。

2　市民生活と自助・共助・公助

補完性の原理に基づく自助・共助・公助をより具体的に検討したい。市民生活の視点で考えると、各自が自分のためになることや必要とすることのすべてに対応できるという状態が最も望ましいといえる。それが実現できている時、自分の好きなもの、自分が好きな種類、自分が求める分量、自分が求める品質、自分が欲しい時など、自分の状況に応じてモノやコトを費やすことができているといえる。すなわち、個々人が各自の状況に合わせた消費行動をとり、生活を確立できていることを意味する。

(1)　市民生活における三助の脆弱性

現実には十分な資源を持たず、個人の意思に基づいて行動したり、ニーズを満たすことができず、望むような生活を営めないこともある。場合によっては、基本的な生活を営むことすら難しい状況に陥ることもある。そのような場合には、共助による助け合い、あるいは公助としての制度によって、生活支援が行われる。ただし、すべての場合において

「うまく」カバーされないのが実態である。つまり、三助の概念に基づき、個人・地域・行政等が様々な取り組みや工夫を行うが、市民生活の安寧を確保できず、市民が置かれる多様な環境が三助の脆弱性を露呈させる。

例えば、「買い物」という行動を考えてみると、一般的には、必要なものや欲しいものを「自ら」買うということを想定する。つまり、自助の行動でなし得るものであると考える。この行動の前提を考えることはあまりないかもしれないが、自分のためになることや自分に必要となることを、自分で考えて行動し、充足できるということが前提にある。誰しもが達成できそうだが、実際には、自分で買い物ができない人もいる。

なぜそのような問題が生じるのかを考える時、それが個人の属性や経済社会環境に帰すものであるのか、それとも特定地域が有する課題であるのか、あるいはもっと広く社会設計の問題なのかという観点から問題にアプローチすることができる。言い換えると、「三助の脆弱性」を対象にして、事業を構想し、計画を立案し、課題に取り組むことで、市民生活の問題解決に挑むことができる、といえる。

表5-1　平時と災害時における自助・共助・公助

	平　時	災害時	例
自　助	一人ひとりが豊かな生活を送るために努力する。	自分の命や家族の命を守る，そのためには災害に備える。	火事が発生した時に自力で避難する。
共　助	近隣の人や町内会，NPOなどによる協力・協働を通じて豊かな生活をつくる。	地域コミュニティにおける助け合い，被災地内外でのボランティア活動（災害ボランティア）を行う。	自力で避難できない援護を必要とする災害時要援護者に近所の人々が付き添う。
公　助	基本的な生活を送ることができるように，法律や制度に基づき行政機関などがサービスを提供する。	専門性の高い救助力を持っており，自助や共助ではどうしようもない状況にある被災者を救う可能性のあることを行う。	災害や事故などにおいて自治体の首長等の要請をもとに防衛大臣の命により自衛隊が遭難者の救出にあたる。

出所：災害時については前林（2016）を基に筆者ら作成。

(2)　平時、災害時の三助から事業を構想する

自助・共助・公助を平時と災害時に分けて考えると、表5-1のように説明することができる。補完性の原理を基に考えると、平時においても災害時においても共通することは身近なことで、自分のためになることは自助および共助の力を優先して活用することであり、公助はそれらの力ではどうにもならないこと、かつ基本的なことを備えるためにある。

もし、社会問題や地域問題を解決することに寄与する事業・ビジネスを考える時、三助のどの力が寄与するかについて考えてみるとよい。また、現時点ではその力が弱

くても、それを強めることで問題を解決できそうであれば、それを強めるためにもどうするとよいかを考えてみるとよい。災害時に限らず、平時のビジネスにおいてどのように三助の強化に貢献することができるだろうか。さらには、平時には成立している三助が災害の発生によっても成立するかどうかも検討するとよい。何が機能し、何が機能しなくなる可能性があるかについて推察することにより、どのような状況の変化が三助の脆弱性を顕在化させるかを考察することが重要である。

引き続き、「買い物」を例に考えてみよう。買い物を自助の力で行うことが一般的であるとしたが、そうできないこともある。例えば、買い物に関する社会課題を見てみると、「買い物弱者」や「買い物難民」という言葉がある（農林水産省 二〇二一-a）。また、「食料品アクセス問題」という社会問題として浮上しており、八五％の自治体でこの問題が生じていると指摘されている（農林水産省 二〇二一-b）。過疎地域において、公共交通がカバーする地域が限られていることから、自動車の運転ができなくなると食料品の販売店舗へのアクセスができなくなることが多い。また、地域の小売業の廃業や商店街の衰退などによって、食料品の購入や飲食が難しくなっている。一方、これらについての課題が少ない都市部では、地域でのネットワークが希薄であり、自助により買い物ができない時にそ

表5-2　自助・共助・公助で見る「買い物」の手法

	自　助	共　助	公　助
手　法	徒歩で 家族が運転して 公共交通機関を使って タクシーで インターネットを利用して	結，講，NPO 共同売店 協同組合 移動支援 移動販売	コミュニティバス デマンド交通 在宅高齢者への配食支援 空き店舗等活用事業支援 食料品アクセス問題ポータルサイト

出所：筆者ら作成。

れをカバーする共助が発揮されにくいことが問題となっている。

そこで、食料品アクセス問題には、商店街や地域交通などをはじめとする地域の様々な分野のアクターが、政府・行政、民間企業やＮＰＯ、地域住民等の多様な関係者と連携・協働して問題解決に取り組むことが期待されている。つまり、共助の力も公助の力を借りて、より強力に事業・ビジネスあるいは支援を推進することができる。すなわち、自助や共助では対応しきれない時に公助が出てくるという仕組みから、自助・共助・公助をうまく組み合わせることで社会問題や地域問題の解決を効果的に成し遂げることができる。

表5-2は、買い物を三助に分けて記したものである。自助の例としては、徒歩や車で移動して買い物をすること、またはインターネットを利用して買い物をすることができる。共助であると、地域の助け合いとしてビジネスよりもむしろ

社会貢献の意味合いが強い移動支援や移動販売などがある。それを担うのが古くは結や講であったり、現代では協同組合やＮＰＯであったりする。公助については、コミュニティバスやデマンド交通など、やはり公共交通であるが、採算を重視する民間企業による路線バスでは事足りない所に設置される。その他も、まちに店舗を増やす取り組みや在宅の高齢者に食事を配膳する取り組みなどが行われている。三助で検討しても、まだ他にも買い物にかかる手段や政策があるので、調べてみてもらいたい。

3　都市と地方の環境の差

三助に分けて見た手段や施策を都市と地方という地理的な面からさらに検討してみたい。一般には、買い物を例に考えるのであれば、都市部の方が店舗へのアクセスはずっと容易である。徒歩で買い物に行く人も多いであろう。あるいは、百貨店やおしゃれな店舗が軒を連ねるショッピングストリートにも電車や地下鉄などで一時間もかからずに到着するかもしれない。インターネット環境も充実しており、さらには物理的距離の近さから、最近ではインターネットで注文したものが当日届くことも多くなった。

(1) 選択肢が少ない地方の周縁部

一方、地方の周縁部の状況を考えてみたい。電車が通っていなかったり、バスの本数が一日に一往復だったりする地域もある。つまり、車の運転なしには、日常の食糧調達が困難な場所に住む人もいる。そのような地域では、子どもたちが都市部へ出ていくという傾向が高度経済成長以降ずっと続いている。また、教育環境も影響している。大学が地域にないため、一八歳になると大学に進学するために都市部に移住する。中には、最寄りの高校が通学可能な距離になく、寮などに入り高校生活を送ることもある。ゆえに、勤労世代や高齢者が地域に残される。その結果、高齢化率が五〇％を超えることもあり、高齢者が高齢者の介護を行う老老介護の状況も日常的な姿になりつつある。

さらには、地方の周縁部では他の選択肢が少ないという問題がある。例えば、車が運転できなくなった一人暮らしの高齢者が家族による互助が得られない、公共交通が十分にない、タクシーもほとんど走っていないなどとなると、自助による買い物は見込めなくなる。それでは共助でこの基本的な生活基盤の確保を考えようということになりうるが、このような地域では、消費者の数は多くなく、ニーズは小さい。経済規模に鑑みると、移動販売や生協すら成立しにくい。

（2）地域のつながりの可能性

一方、地域の個人的なつながりや非営利の事業、または公的な支援が地域問題を解決する方策になるかもしれない。地域のつながりや規範、人々の信頼といった要素で構成されるソーシャル・キャピタルが社会問題の解決に寄与すると考えられ、多くの研究が蓄積されている。日本においては、政府による調査がいち早く実施され（内閣府国民生活局 二〇〇三）、コミュニティのつながりの強さやいざという時に頼れる存在が多くいるのは、都市部よりも地方部であることが示されている。また、ソーシャル・キャピタルの強い地域ほど、人口回復などに象徴されるレジリエンスが高いことが論証されている（Aldrich 2012=2015）。しかしながら、高齢化の進展により、地域のつながりの強さはあっても、それを活かした共助による生活スタイルを確立するのは難しくなりつつある。

ＮＰＯを設立して、移動支援や買い物支援を行う事業を展開する人材も簡単には見つからない。自助の手段や共助の環境が脆弱なのが地方の実情である。その結果、公助による支援が必要になるが、市町村合併を行っても地方の財政基盤は十分に強くならない。地方交付税交付金をはじめ、国単位での税収等の再配分なしには基本的な公共サービスを担うことも難しい状況にある。このように、自助・共助・公助のすべてにおいて脆弱な地域は日本中に散在しており、買い物という日常的な消費行動だけでも検討するべきことは多い。

したがって、三助の脆弱性を考慮する時、その地域の環境にも注目をするべきである。プレイヤーの数はニーズの大きさにも依存するが、人口動態や社会的ネットワーク、産業構造や公共インフラなど、その地域が有する人的資源や経済的資源を把握して、その地域に住む人々がどのような生活を送っているのかに着目することで、開発する事業・ビジネスがその地域のレジリエント社会の構築に寄与しうるかどうかを考えることができる。

また、自分が置かれている状況を基に考えてみると理解しやすくなるかもしれない。例えば、災害に直面した場合、あなたの置かれている環境はどのように変化するだろうか。脆弱性が露呈するだろうか。自助・共助・公助の力は、どのように影響を受けるだろうか。また、それらの力がどのように発揮されるだろうか。あなた自身や家族は、被災直後どのような行動をとるだろうか。近所の人と生存を確認し合ったり、地域での相互支援を利用することは可能だろうか。どのような公的な制度があり、どれくらいの支援を受けられるだろうか。

(3) 都市規模と災害時の三助

三助の脆弱性という課題は、本節で検討しているように都市部と地方部で回答が異なりうる。大都市で災害が起こる場合と小規模な町で災害が起こる場合とでは、自助・共助・公助のありようは異なると予見される。もし、コミュニティでの活動に熱心に参加していれば、顔見知りも多くなり、地域の状況を理解でき、地域に関する情報も多く聞こえてくるだろう。反対に、地域のネットワークは構築されているのに、関わりを持つ機会がなく、そのネットワークに含まれていないこともあるだろう。被害を受けているのに、メディアでの露出が多い所に人や資源が集まり、メディア露出の少ない所には、支援の手があまり届かないということもあるだろう。

実際、都市部で発生した一九九五年の阪神・淡路大震災では、発災直後、建物の倒壊から約三五％の人が自分自身で抜け出すことができたが、残りのおよそ六五％の人は他者によって救出された（日本火災学会編 一九九六）。なお、三二％は家族に、二八％は知人や近所の人に、三％が通行人によって救出された。すなわち、九八％が自助と共助による力で生存へとつながっている。また、都市部での災害ということもあり、被災地域と非被災地域とが徒歩圏内であったこともあり、数多くの人がボランティアとして駆けつけることができた。一方、二〇一一年の東日本大震災では、津波被害という災害の性質に加え、被災地域の範囲が広大であり、利用可能な交通インフラも少なく、メディアもすべての地域を十分にカバーできなかったことから、数多くの支援があったものの、その偏在も見られた。

4　事業・ビジネスにおいて三助を考慮する

自助・共助・公助には、それぞれの役割がある。社会生活においてすべてが自己完結できないこともある。一人でできることばかりではない。一人でできたことが一人でできなくなることもある。一人でできたのに場所が変わったことにより、一人でできなくなることもある。一人だと時間内に終えられないことが協力して行うと早く終えられる。少数の協力では対処できず、社会の見知らぬ人々との間で結ばれる社会契約を基に公共政策を遂行して問題解決を図ることもある。

具体的にいえば、何不自由なく過ごしていたのに病気やケガでできたことができなくなることがある。災害時の避難場所について日頃から確認していたのに、旅行先で災害に遭遇し、どこに行ってよいのかわからなかったり、外国にいて、言葉がわからず対応方法が

表5－3　自助・共助・公助が成立するための要素と手法（買い物を例に）

	自　助	共　助	公　助
要　素	移動手段 居住地と店舗の距離 インターネット環境と利用スキル	近所や知人とのネットワーク 支援を行う組織（NPOなど） 社会的企業	公共交通政策 生活支援 事業支援（補助金や助成金） 民間事業者への委託事業
手　法	家族が運転して 公共交通機関を使って タクシーで インターネットを利用して	移動支援 移動販売 共同売店	コミュニティバス デマンド交通 配食支援 空き店舗等活用事業支援 食料品アクセス問題ポータルサイト

出所：筆者ら作成。

わからなかったりすることもある。火事が起こった際、延焼しないようバケツリレーで対処することも、一人ではできないが皆で協力すれば可能である。失業して次の仕事を見つけるまでの期間の生活費用を親族や友人や地域住民で支え合うのは容易ではない。場合によっては地域的な影響を受けて多くの人が失業することもある。広い社会で保険として少しずつ積み立てて、その資金を基に不遇な状況に陥ってしまった人を助けられる。

表5－3は、本章で前述した買い物を例に、手法とその手法を実現するために必要となる要素について整理したものである。手法は表5－2と重複するが、要素と照らし合わせてみるために再掲している。このように実態を基に、何が自助・共助・公助を成立させる要素になっているかを検討

することで現状の的確な把握ができる。特に要素を挙げることができれば、それを事業・ビジネスを展開したい地域がどのような状況にあり、何が適用可能であるかを検証することができる。

公助を見てわかるように、公助の中にある支援制度を活用して、社会的な事業を立ち上げたり、促進したりすることが可能である。また、近年は、政策イノベーションを引き出す人材や、ソーシャルビジネスでは解決しえないものを「政策の窓」が開く時機を捉え、エビデンスや実行可能性を示すことのできる政策起業家が政策立案に影響を与えて、公共政策として事業展開につなげる事例にも注目が集まっている（Mintrom 2019=2022）。

公助の制度については、国会での制定される法律に基づくわけであるが、中央政府の基本的な短所は、一律の展開では異なる地域社会が持つ文化や習慣の多様性にうまく適合せず、それらの地域の住民の選好に敏感に反応できない点にある。ゆえに、地方自治体が地域に対してパレート効率的な産出量水準を供給する方が、中央政府がすべての地方自治体に対して一様にある一定の水準を供給するよりも、必ず効率的になるという分権化定理が論じられる（Oates 1972=1997）。したがって、地域ごとの特性やニーズを重視し、地方自治体による公助を通じて、民間の力を活用したソーシャルビジネスや政策起業が展開されることが期待される。

あなたが事業・ビジネスを立ち上げようと考える時、そしてもし、レジリエント社会の構築にも想いを馳せる時、自助・共助・公助の現状を把握し、どこが脆弱であるのか、どこを強化すると地域のレジリエンスが高まるのかを考えてみてもらいたい。

注

（1）Consolidated version of the Treaty on the Functioning of the European Union – PROTOCOLS – Protocol（No 2）on the application of the principles of subsidiarity and proportionality OJ C 115, 9. 5. 2008, pp. 206–209（BG, ES, CS, DA, DE, ET, EL, EN, FR, GA, IT, LV, LT, HU, MT, NL, PL, PT, RO, SK, SL, FI, SV）（https://eur-lex.europa.eu/legal-content/EN/TXT/?uri=CELEX%3A12008E%2FPRO%2F02, 2022. 12. 21.).

参考文献

総務省（n. d.）「市町村数の変遷と明治・昭和の大合併の特徴」（https://www.soumu.go.jp/gapei/gapei2.html、二〇二二年一月一九日アクセス）。

内閣府国民生活局（二〇〇三）「ソーシャル・キャピタル――豊かな人間関係と市民活動の好循環を求めて」。

日本火災学会編（一九九六）「一九九五年兵庫県南部地震における火災に関する調査報告書」。

農林水産省（二〇二一-a）「食料品アクセス（買い物弱者・買い物難民等）問題ポータルサイト」（https://

www.maff.go.jp/j/shokusan/eat/syoku_akusesu.html"、二〇二一年九月一日アクセス）。

農林水産省（二〇二一-b）「令和二年度『食料品アクセス問題』に関する全国市町村アンケート調査結果」。

前林清和（二〇一六）『社会防災の基礎を学ぶ――自助・共助・公助』昭和堂。

Aldrich, D. P.（2012）*Building Resilience : Social Capital in Post-Disaster Recovery*, University of Chicago Press.（＝二〇一五、石田祐・藤澤由和訳『災害復興におけるソーシャル・キャピタルの役割とは何か――地域再建とレジリエンスの構築』ミネルヴァ書房。）

EU（2008）"CONSOLIDATED VERSION OF THE TREATY ON EUROPEAN UNION" *Official Journal of the European Union*, pp. 13-45.（https://eur-lex.europa.eu/LexUriServ/LexUriServ.do?uri=OJ:C:2008:115:0013:0045:en:PDF, 2022. 12. 21.）.

Mintrom, M.（2019）*Policy Entrepreneurs and Dynamic Change*, Cambridge University Press.（＝二〇二二、石田祐・三井俊介訳『政策起業家が社会を変える――ソーシャルイノベーションの新たな担い手』ミネルヴァ書房。）

Oates, W. E.（1972）*Fiscal Federalism*, Harcourt Brace Jovanovich.（＝一九九七、米原淳七郎・岸昌三・長峯純一訳『地方分権の財政理論』第一法規。）

第6章　なぜ社会問題をビジネスで解決するのか

——持続的な問題解決の実現

三上　淳

本章では、社会問題を見出した後に、それらを解決する事業・ビジネスを計画するにあたり、社会的価値と経済的価値を両立することの必要性や方策について解説する。

第1節ではその必要性、第2節では社会的価値と経済的価値を両立するビジネスを立案するための思考プロセス、第3節では経済的価値を生み出す方法、第4節ではレジリエンスビジョンとの再照合についてそれぞれ考えていく。

1 社会問題の解決方法を考えてみる

社会システムの脆弱性が引き起こされている原因をひもとき、その核心的原因を突き止め、解決のために取り組むべき課題が明確になっただけでは実現したい未来像は現実のものとはならない。多くの場合、社会問題が放置されている背景には、経済的な事情が潜んでいる。社会問題に対して最も強い効力を発揮できるのは公助であるが、公助にも限界がある。

（1）公助にも限界がある

災害が起きた場合、社会的なインフラ、すなわち物的な公的施設が破壊され、その復旧が急がれる。公的施設は政府が責任をもって復旧・復興すべき最重要のものである。二〇一一年に発生した東日本大震災に投じられた復興予算はおよそ三二兆円に及んでおり（二〇二一年現在）、その内訳で最も大きいのは災害公営住宅や宅地、防潮堤、道路などの整備費用であり、合わせて一三兆三〇〇〇億円が投じられている（ＮＨＫ政治マガジン「復興予算32兆円はどう使われた？」二〇二一年二月二五日）。

災害からの復興において被災者および被災地を救済してより良い状態に戻すことが重要であることは論を俟たないが、そのために投入される資金は、公的資金、共助による資金（義援金、共済等）、そして被災者自らの資金が主なものである。しかし、公助は税金で行われ、その多くは民意に応じて決定される。そして、公的資金には「個人補償不可」という日本独特の慣習的原則がある。そのため、多くの人たちが「これは放置できない社会問題だ」と捉えるような状況があったとしても、特定の個人を利するような保証が公助によって行われることは極めてまれである。この公助の慣習的原則が「公助の限界」といえる。

多くの人たちが問題と捉えているにもかかわらず、その問題がいまだに放置されているのは、公助の観点から優先順位が低いか、あるいは公助でカバーできない問題であるケースが多い。そして、公助以外の資金でその問題が解決されない理由の多くは「経済的な原因」に拠る所が多いのが実際である。

例1　家屋の復旧をめぐる公助の変遷

阪神・淡路大震災前には、災害により被害を受けた家屋を復旧するための法制度が存在していなかった。…（中略）…多くのケースでは義援金や保険金などで賄われる「自助」「共助」による復興が行われていた。阪神・淡路大震災では、これらの財源では到底カバーしきれない被害が発生し、兵庫県が独自の起債によって倒壊住宅の再建補助を行った。その後、国の生活再建支援策も拡充され、一九九八年の生活再建支援法成立、二〇〇四年の同法拡充と進展しており、阪神・淡路大震災の被災者支援で軽視された生活再建がクローズアップされた。しかし、依然として、住宅再建費用項目・年収・年齢・被害程度についての厳しい制約が課されており、一九九九年度から二〇〇四年度までの累計で支給世帯数は四〇〇〇世帯に過ぎず、支援金の総額も一世帯当たり三〇〇万円に過ぎない（住宅の被害程度に応じて支給される基礎支援金一〇〇万円、住宅の再建方法に応じて支給する加算支援金二〇〇万円）（神戸新聞社 二〇〇八）。

ただし、本項の最後に重ねて強調したい点は「公助の限界＝公助は私たちが解決したい社会問題に対して無力である」と言っている訳ではない。政府が気づいていない社会問題やその原因を政府が自ら見出したり第三者からの提言を受けたりしたことで、これが解決に向かった事例も多く存在する。また、社会問題の解決に向けて民間企業と政府が協力する取り組みや、公的補助の新しい活用方法を第三者が見出すことでその活用が浸透した、といった事例も存在する。

前章で紹介している通り「自助・共助・公助」三つの力がバランスよく発揮されることが重要なのであり、私たちは公助の性質をよく理解した上で共助や自助による解決を模索する、という視座に立ちこの先を読み進めてほしい。

（2）社会問題を民間の力（事業・ビジネス）で解決するというアプローチ

このように、未解決な社会問題は「公助の限界」の外にあるケースが多く、その問題を解決するためには、民間によるアクションが求められる。そして、公助に比べ資源（ヒト・モノ・カネ）の乏しい民間のアクションにおいては「選択と集中」が必要になってくる。つまり、適切な問題へのフォーカスと、限られた資源が効果的かつ効率的に解決策に活用されるよう、細心の注意を払う必要がある。

さて、ここで民間のアクションとして、事業・ビジネス以外の方法で社会問題を解決する方法について考えてみたい。「ボランティアを募って皆で支援することで、この問題を解決してはどうか」といった意見や「ネットメディアを駆使して、その問題を社会に知らしめ、社会的なアクションとして普及させ、クラウドファンディングで資金を募ったり、企業から寄付を集めたりしてはどうか」といった意見が多く聞かれる。これらの方法の有効性や意義について否定はしないが、これらの手法は「持続性」と「成長性」という点においてて「事業・ビジネスによる問題解決」よりも効果が限定的である。

ボランティア活動は参加者たちの献身的な意識によって成立しているが、参加者たちはその他の生業の合間をぬって活動に参加している。問題解決のための取り組みを加速させたい時、または専門性が必要な活動を拡大したい時、参加者にさらなる献身を求めることは困難となってくる。仮にこれらの加速や拡大が可能となったとしても、参加者たちは疲弊し、あるいは経済的に困窮する状況が生まれかねない。なにより、ボランティア活動は参加者の「善意」によって成立している。これに過度に期待することは活動自体の自己矛盾をはらみかねない。

では、投資家や企業からの資金調達はどうだろうか。慈善活動を積極的に行う企業は多く存在し、彼らも放置できない社会問題であるならば、その解決に向けて協力することを惜しまないだろう。しかし、企業の寄付行為は、本業での収益が前提に行われる。しかも企業の収益は組織内外の環境変化によって変動する。社会問題を解決するための活動の持続性と成長性と、本業の収益の持続性と成長性は必ずしも連動しない。これらの連動は非常に難しく、企業側もより社会的インパクトの大きい活動に資金を投じたいという動機がある以上、社会的なトレンドが変われば当初の活動から資金を引き上げるリスクも発生し得る。

(3) 社会問題をビジネスで解決するには「考える順番」が大切

これまでの章において、「これは解決したい問題だ」と定義し、詳細な分析を行い、核心的要因を突き止め、設定した課題（テーマ）に取り組むためには、そのための資源（ヒト・モノ・カネ）を創出する必要がある。この資源創出の方法を「事業・ビジネス」に見出すための思考プロセスを理解することが本章のねらいである。ここで考える「社会問題解決のための事業・ビジネス」と、一般にいわれる「事業・ビジネス」との明確な相違点は、「目的」という一点において異なっている。当然ながら社会問題の解決のために行われている既存のビジネスは多く存在しており、その意義を否定するものではないが、事業・ビジネスの側から見ると、必ずしも社会問題の解決を目的としていないものもまた多く存在する。

わかりやすい例を挙げると、二〇〇一年に発売され世界中で話題を集めた「セグウェイ」という乗り物である。これを発明したのはディーン・ケーメンである。当初はスティーブ・ジョブズやジェフ・ベゾスが「人間の移動形態を変える革命的な製品」と褒めたたえていたが、そもそも同氏がこの乗り物を発明したきっかけは別の開発テーマであり、「自立できる車椅子」の開発に取り組む中で生まれた付帯技術だった。セグウェイは、この技術にテック界の著名人たちが着目したことで事業化した経緯がある。

つまり、核心的でユニークな「技術」が先にあり、その後に様々な「目的」や「使い道」が生み出されていったのである。こういったビジネスは後の可能性を示唆し、イノベーションを生み出すきっかけとなり得る意味では有効であるし、こういった商品・サービスを購入する顧客も「〇〇のデザインが好き」「新しい機能そのものに興味がある」といった動機を持っているため、ビジネスとしては成立する。大きく異なるのは、この例のようなビジネスは「技術」→「手段」→「目的」の順番で考えられているが、社会問題をビジネスで解決するには「目的」→「手段」→「技術」の順で考える必要がある。

繰り返しになるが、社会問題を定義し、その解決のために取り組むべき課題（テーマ）

を設定した上で考えるべきは、その問題の解決のためにとられる行為（解決策）を実行可能にするための資源（ヒト・モノ・カネ）を獲得する手段を創造することである。そして、その手段の一つとして有効なものが事業・ビジネスであり、持続性と成長性の側面から他の手段よりも優れている。

一方、事業・ビジネスにより社会問題を解決するためには、事業・ビジネスの成立条件を達成する必要がある。問題の解決策が持続的に実行され、その影響力を拡大していくために、最低限満たすべきこととして次の三点が挙げられる。

① 実行者に十分な収益をもたらし、成長のための投資が可能となること（収益性）。
② その行為が迅速かつ必要最小限の資源の消費で実行されていること（効率性）。
③ 収益や資源（資金、人的資源、原料など）の確保が持続的であること（安全性）。

そして、これらを実現する上で重要なのは次の三つを満たす仕組みが構築されていなければならない。これらの条件を満たすことで社会的価値と経済的価値が両立され、社会問題は持続的に解決されていく。

① 公助では不十分な領域に手を打つものであること。
② 高品質で高効率な成果を生み出せること。
③ 外部環境の変化による影響を最小限にする頑強性と柔軟性をもっていること。

2　社会問題をビジネスで解決するためのフレームワーク

(1) フレームワークの全体像と使い方

本章ではここまで「社会的価値と経済的価値を両立する」ことの意味を述べてきたが、この節では、図6－1のフレームワークを使い、体系的に整理していく。

① 社会システムの理解――認識した社会システムの脆弱性、予測した極度の状況変化による影響

まず、図6－1左側の上から二番目の欄から説明する。これは第2章で説明した「極度の状況変化による影響」、つまり災害によって社会に引き起こされる現象に該当するものであり、あなたが社会システムの観点から整理して特定した脆弱性について記述する欄である。

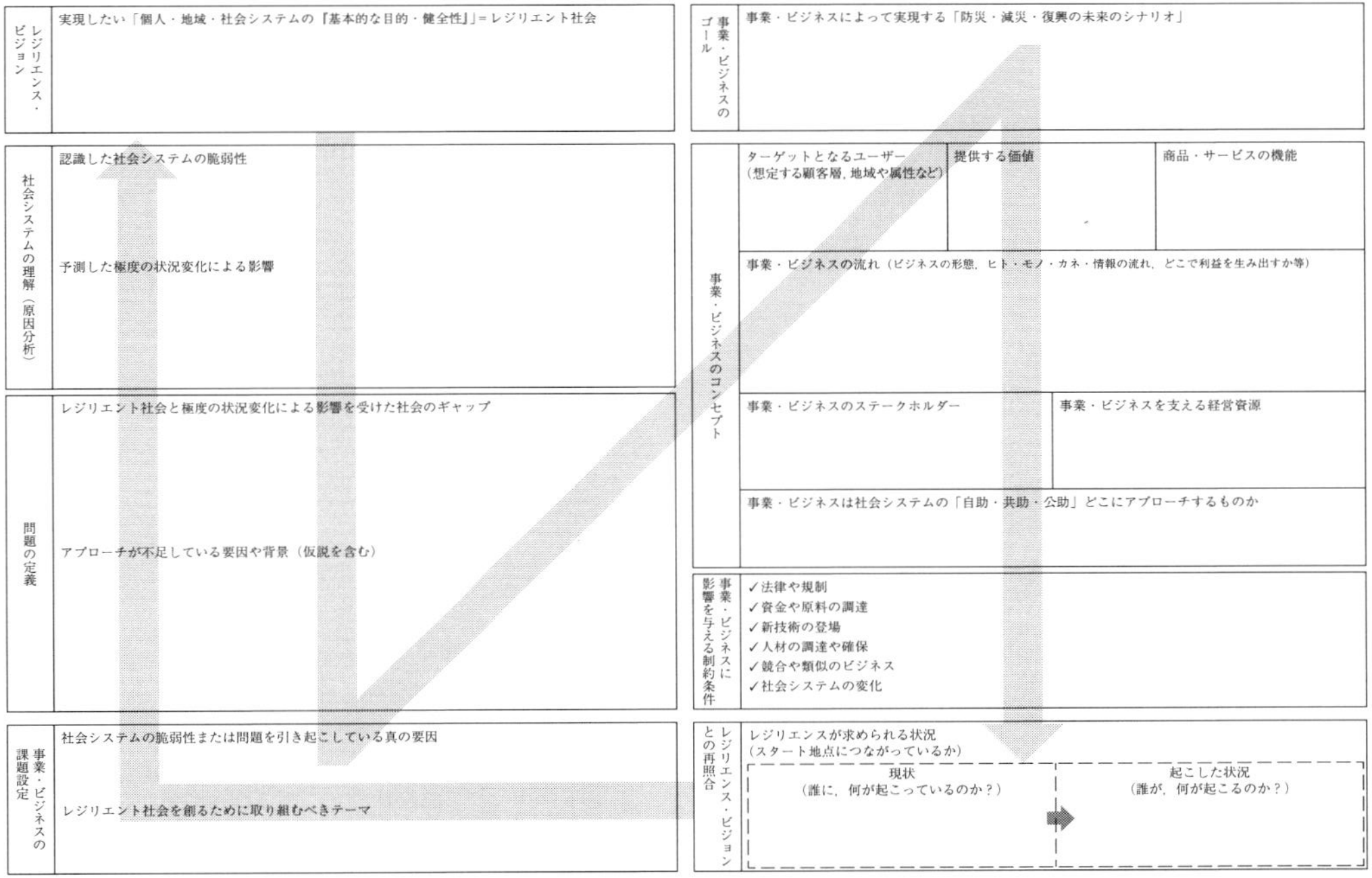

図6－1　レジリエント社会を創るためのプランニング・ワークシート

出所：「レジリエンス人材」育成プログラム開発チーム作成。

② レジリエンスビジョン――実現したい「個人・地域・社会システムの基本的な目的・健全性」

次に、図6-1左側の一番上の欄について説明する。①において、あなたが社会システムの脆弱性と定義した事柄の背景に対応する「こうあってほしい」という社会に対するイメージをここに記述する。

この「こうあるべき、こうあってほしい」社会のイメージを「レジリエンスビジョン」と呼ぶ。このビジョンはこの後に続く様々な思考作業に欠かせないものなので、単純な原因の裏返し（例：原因を「○○が足りない」と定義したことに対して「○○が足りている」と記述する）ではなく、問題が解決されたことにより豊かで幸福な社会が実現されているイメージを膨らませてほしい。言い換えると、あなたが子や孫に遺したい未来社会のイメージそのものであり、そのイメージは「あなたが捉えた問題」が解決されない以上は実現できないことが重要なのである。

③ 問題の定義
――レジリエント社会と極度の状況変化による影響を受けた社会のギャップ、アプローチが不足している要因や背景

図6-1左側の上から三番目の欄では、あなたが問題だと考えた社会システムをさらに

詳細に分析する欄である。この欄には第4章で説明した、問題が引き起こされている過程を記述し、過程をたどることで明らかにした問題を引き起こしている真の要因を記述してほしい。

④　事業・ビジネスの課題設定
——社会システムの脆弱性または問題を引き起こしている真の要因、レジリエント社会を創るために取り組むべきテーマ

これまでの①〜③までの思考をまとめたものが、図6-1の左側の一番下の欄となる。災害を受けた社会が変容して基本的な目的が果たせなくなり、健全性を維持できなくなってしまう原因、すなわち、社会システムの脆弱性を特定する。あるいは、あなたが望む未来のレジリエント社会像、その社会像に照らして問題だと感じたこと、そしてその問題の核心的な要因を明らかにした上で、問題を解決するために取り組むべきことをここではっきりと定義するのである。この段階ではまだ「事業・ビジネス」の具体的な内容までを考える必要はない。まずは「社会」を大きく捉えた上で、社会において解決すべき事柄を「目的」として明らかにしてから、図6-1の右の欄にある事業・ビジネスを「手段」として考えていくのである。

そして、これからの項で説明するのが、図6－1の右側に該当する部分である。図6－1の左下の取り組みテーマがブレないように、解決策としての事業・ビジネスを自由な発想で考え、検証し、実行するための方策を考えていく、という思考の流れを忘れないでほしい。

(2) フレームワークを使う上での注意点――「問題」と「課題」の違い

ビジネスシーンにおける「問題」と「課題」には、明確な違いがある。問題は、組織の目標と現状との間にあるギャップのことである。課題は、ビジョンと現状とのギャップを埋めるために取り組むべきテーマである。そして、解決策とは課題に取り組むために起こす具体的なアクションのことである。また、ビジネスは、常に何らかの目標を掲げているものである。目標を達成するためには、その途中で起こる問題を明らかにし、一人ひとりがその問題を解決するべく課題を抽出し、実行することが重要である。

さらにいえば、課題を設定せずに、目標を設定することはできない。課題の達成基準など数値で測定できるものは、できるかぎり基準を数値化する。定性的な達成基準については、関係者が具体的にイメージできるよう、日常場面や行動レベルで具体化する（何を、いつまでに、どのように、どのレベルまで)。ここで、いくつかの例を挙げて、違いを確認したい。

例2　レストランの集客

ビジョン：この街にフランス料理を楽しむ文化を定着させる。
　　　　街の情報発信リーダーとして、一日の来客数四〇〇名を目指す。
現　状：一日の来客数は二〇〇名程度である。
問　題：ビジョンよりも二〇〇名少ない。
原　因：昼食の来店が少ない。リーズナブルな価格で楽しめることが知られていない。
課　題：チラシの配布エリアを拡大する。新メニューを考案する。
目　標：二カ月後に来客数二三〇名、六カ月後に三〇〇名、一年後に四〇〇名を目指す。

例3　掃除機の開発

ビジョン：日常に家族の絆が深まる機会をもっと創造したい。
　　　　そのために子どもも使える掃除機を開発したい。
　　　　掃除機の重さを二kgにしたい。
現　状：掃除機の重さは三・二kgある。
問　題：ビジョンよりも一・二kg重い。
原　因：コードレス機能を付与するために、バッテリー重量を増やした。

課　題：本体や部品を一回り小さくする。素材を再検討し軽量化を図る。
目　標：付属部品なしで二kgを実現する。

社会問題の特定から事業・ビジネスによる解決策の立案に至るプロセスで、なぜうまくいかないのか、何が問題なのか、どうしたらよいのか、何をするべきなのか。これらの軸を見失ってはいけない。ビジョン、問題、課題、目標があいまいでは、ビジネスは成功しない。そのためには第2章と第5章を読み返してみることをお勧めする。その上で、その核心的原因すべてに手を打つために取り組むべきテーマを設定していく、という流れになる。ここで重要なのは「単なる原因の裏返し」ではなく、あえて抽象度を高め、前向きな意図を込めたものにする。このことで多様な解決策の検討を促すことができる。

例4　災害時の食料問題
ビジョン：災害は避けられないものとしても、被災した人々が避難時にも前向きさを失わず、早い復興に向けた準備を進められるようになってほしい。
　　　　　災害時、栄養不足により体調不良、心理的負担を訴える人をゼロにする。
現　状：避難所で栄養失調から体調を崩す人が一〇〇人中一〇人いる。

問　題：災害時の食料備蓄が不足している。
原　因：①各家庭における備蓄の意識が足りない。
　　　　②備蓄資材を購入する方法が限られている。

この事例において、不十分な課題設定としては、「各家庭の備蓄の意識を高め、多様な資材購入経路を確保する」ことが挙げられる。不十分な課題設定では、目標は備蓄の意識が○％高まる、あるいは資材購入経路が○カ所増えている、といったものに留まってしまう。これでも問題はないが、ビジョンへの到達がイメージできない。

一方で、「義務と感じる備蓄を『暮らしの彩り』として楽しめるようにする」とすると、どうだろうか？　備蓄の意識向上や資材購入経路の確保も解決策の一つとして組み込まれつつ、そこにつながる問題に多様な手を打つアイデアが生まれそうである。重要なことは、目標とは課題が達成された状態を表現したものであり、かつ「ビジョン実現のマイルストーンとなるもの」となるよう検討されなければならない。やや逆説的だが、そういった意味でも課題の設定は重要なものになる。

（3）ビジネスが目指すビジョン・取り組む課題そして目標を設定しよう

事業・ビジネスにおける課題設定の基本的な考え方を理解した上で、改めてビジョン、問題、課題、目標について再度検討する。

まず、ビジョンの設定は「イメージ」「未来像」と言い換えることができる。課題が達成された状態を定性的かつ具体的に表現することで、気づかなかった利害関係者を発見することができたり、想定していなかったリスクを発見したりすることもある。

次に、問題の特定は「ビジョン」との差異を明確に定義することが重要である。合わせて、原因の究明は特定した問題を引き起こしている要素についてのみ行われるべきである。その課題が解決された時、社会はどのような状態になっていればよいのかをイメージして、課題設定をする。その状態をできるだけ多様な切り口で定量化したものが目標となる。これは、この後に続く解決策の評価を行う際に重要となる。解決策をブレーンストーミングにより検討していく過程では、「新たな技術を使ってみたい」「これまでにない手法で販売をしてみたい」といったアイデアの新奇性にとらわれがちである。これは手段の目的化であり、真の問題解決思考とはいえない。多様なアイデアを実効性の観点で適切に評価し、課題に対して最も効果的なものを採用すべきである。

目標の設定は、前述したビジョンのマイルストーンとしての意味を持っており、課題の定量的評価基準でもある。ビジョンを言語化ないし映像化によって明らかにし、「この理想の状態は、どのように定量的に表現することが可能か」という問いを立てることができる。課題はあくまでテーマであり、課題をそのままに目標を設定してしまうと、「収益性・効率性・安全性」の観点でしか目標を設定できなくなる。持続的に成果を上げ続ける解決策の実行手段を検討する上で、これは重要ではあるが、あくまで目指す目的は「社会問題の解決」であるため、目的の側に成果指標を設定することが手段の硬直化を避け、持続的なビジネスの発展や進化の可能性を高めることにつながる。

(4) 目標達成のための解決策を検討しよう

設定した目標にできるだけ早く、効果的に影響を及ぼすための方法を考える。解決策は一足飛びに目標を達成するものとは限らない。段階的に目標を達成するために複数の解決策を連続して行い、これを達成することも可能である。具体的には、第一段階として対象者に認知を得るための広報活動を行い、第二段階として試供品を提供し効果を実感してもらう、そして第三段階として実際に商品を購入してもらう、といった段階による分割である。

3　ビジネスアイデアを創出するコツ

ビジネスを現状の資源だけで実行に移す機会は少ない。ビジョンからさかのぼって社会に大きなインパクトを与えようとするならば、人ひとりの力でそれを実行に移すことの難しさを実感することが多い。大きなビジョンを描けば描くほど、その実現のために多くの資源（ヒト、モノ、カネ、情報、時間、ブランド等）が必要になる。すなわち多くの利害関係者（ステークホルダー）を巻き込んで事業・ビジネスを生み出さねばならない。

（1）協力者を生み出すために「三つの価値」を考えよう(1)

そして、ステークホルダーを巻き込むためには、ビジョンの社会的価値を訴えることは当然として、巻き込んだステークホルダーにも十分な価値をもたらす必要がある。十分な価値があるからこそ、ステークホルダーは持続的にその事業・ビジネスに関与してくれるし、事業・ビジネスをさらに発展・成長させる時も支援や協力を惜しみなく提供してくれるだろう。そのために、これまで述べた経済的価値を三つの側面から訴えなければいけな

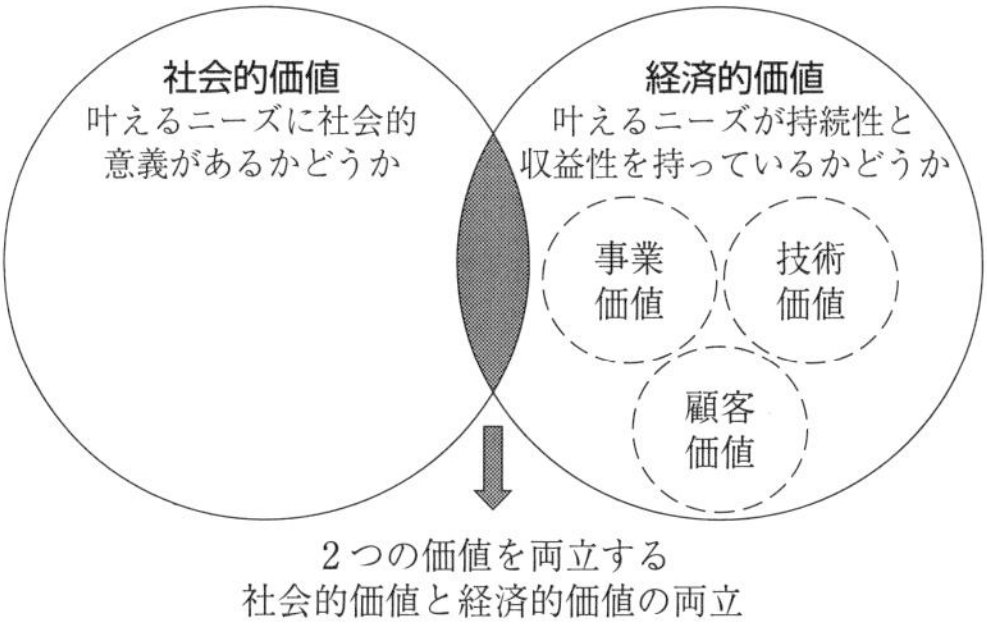

図6-2　経済的価値を構成する3つの価値
出所：INDUSTRY CO-CREATION「ソーシャルイノベーションのインパクト創出」を参考に筆者作成。

い。それは「顧客価値」「事業価値」「技術価値」である。この三つを順番に考え、行き詰まったら、また最初に戻る思考を何度も繰り返して、アイデアを練り上げることが重要である。この3つの価値と社会的価値を同時に満たした状態が「社会的価値と経済的価値の両立」である（図6-2）。

①　顧客価値——顧客と顧客価値の観点

この価値は事業・ビジネスの顧客（商品やサービスを購入してくれる相手）から見た価値である。「顧客があなたの事業・ビジネスのファンになる理由」とも言い換えられる。例えば、ある町のパン屋は、その町に住むビジネスパーソンの朝ご飯の購入先として人気があったとする。そうすると、このパン屋はビジネスパーソンにとっては「忙しくて家で朝食をとる時間がない時、手軽に朝食を済ませることができる」という顧客価値を提供していることになる。

さらに、同じ町にあるファストフード店や丼もの店よりもこのパン屋が選ばれている理由は「歩きながらでも食べやすいサイズや形状をしている」点や「野菜や果物も使ったパンの種類も豊富で栄養バランスがとれている」点であったとすればどうだろうか？　このパン屋は「その町に住む忙しいビジネスパーソン」にとっては、他の店では得られない顧客価値を提供しているといえる。

顧客価値を検討する上で重要なのは、商品サービスを提供する側ではなく顧客側から見た価値を考えるということである。すべての顧客があなたの事業・ビジネスのファンになるということは実質不可能であるため、ある程度「どんな顧客に」「どんな理由で」ファンになってもらうかを具体的に描くことが重要なのである。つまり、ターゲットとなる顧客層や、その顧客のどんなこだわりを実現するのか、あるいはどんな悩みを解決するのか？　といったことを検討することが顧客価値の検討で重要となってくる(2)。

②　事業価値——価値提供システムの観点

この価値は事業・ビジネスを支援する人（出資者や原材料の調達先、協力者や従業員など）から見た価値である。「ステークホルダーがあなたの事業・ビジネスに協力したくなる理由」とも言い換えられる。

これは第一に「収入と支出のバランスが取れているかどうか」であり、第二に「その事業・ビジネスが成長しうる合理的な可能性が感じられるか」である。あなたの事業・ビジネスの社会的価値がいくら高いからといって無条件に協力してくれる相手がいるとは限らない。従業員を雇うとしても彼らにも生活があるため、可能な限り低い労働負荷で高い収入を得られるかどうかを判断するのは当然である。これらの期待に応えるための事業・ビジネスの合理性が追及されているかが事業価値である。

つまり、前述した顧客価値が狙ったターゲット顧客に効果的に認知されるマーケティングが構築されているか、顧客が商品サービスを購入したいと思った時にすぐに提供できるような生産や流通体制が構築されているかどうか、または原材料の調達から販売までの流れの中で適正な利益が確保できるようになっているか、それらの仕組みを維持するための十分な資金が確保されているかどうかといったことである。

また、先に例に挙げたパン屋を想定すると、一店舗だけであれば店主の頑張りや熱意次第で経営は成り立つかもしれないが、二店舗、三店舗と事業を成長させていく段階ではこういった無理や融通は利かない。新規出店を支援する金融機関なども「頑張ります」だけでは融資はしてくれない。安定した事業・ビジネスの成長を実現するために効率性と効果性、そして高い収益性や資金余力を生み出す仕組みが必要になってくるのだ(3)。

③ 技術価値――実現可能性の観点

この価値は「事業・ビジネスが本当に実現できるか」を表すものである。顧客価値と事業価値を実現するためには必ず何らかの商品やサービスを作り出す必要があるし、その商品サービスを流通させる必要もある。技術価値は「価値を生み出すためのノウハウや知識、技術や資格などの裏付けがあるかどうか」とも言い換えられる。

先のパン屋を再び例に挙げると、最も重要なのは「パンを作る技術があるか」であり、より具体的にいえば「低コストで高品質なパンを作る技術」「即座に必要な量のパンを生産する設備」「複数店舗にタイミングよく商品を配送する能力」といったものが挙げられる。さらに掘り下げていうと「忙しいビジネスパーソンが喜ぶような味や質感を実現する能力」であり、さらには「新商品のアイデアを生み出す能力」といった点が挙げられる。

このように技術価値とは顧客価値と事業価値を実現する土台のようなものである。事業・ビジネスを持続的に経営していくために必要な資源の調達能力や、価値を提供するための活動能力である。先にセグウェイの例で述べたが、先端の技術は三つの価値の一側面に過ぎない。如何にユニークで高度な技術を持っていても、顧客価値や事業価値、そして社会的価値を満たすために必須な技術でなければ技術価値とはいえないのである。

さらに重要なこととして、技術価値には模倣困難性があるかどうかも重要である。事業・ビジネスが成長をしていくと、必ず「新規参入者」が現れる。いわゆるライバル企業である。彼らは私たちの事業・ビジネスを模倣し、一般的には「さらに安価に」それを提供しようとしてくる。先行している私たちが開拓した顧客を奪い、成長の糧としようとするのだ。その際に「この商品・サービスは、私たちにしか提供できない」あるいは「模倣しようとしても、私たちより高いコストを支払わざる得ない」という状況を作り出せるかが技術価値なのである。パン屋の例に戻れば「顧客が認める味を実現するパンを製造する独自のノウハウ」や「低コストで原材料を調達できる独自の仕入れルート」あるいは「大量にパンを製造しても、その味を維持できる従業員の質の高さや教育制度」といったものも技術価値には含まれるのである。これらの技術は門外不出なものであり、知的財産や特許として保護するといった防御策も当然重要となってくる。

（2） 顧客の視点で事業・ビジネスを考えよう——顧客価値の観点

① 市場を明らかにしよう

顧客なしに事業・ビジネスは生き残れない。顧客を満足させるためには、共通のニーズ・行動・思考によって顧客をグループ化し、どのグループに関わっていくかを決めることが重要である。注意すべきは、顧客は必ずしも社会問題の当事者である必要はない。例えば、被災地にあふれるゴミを撤去するためのビジネスを考えてみよう。シンプルに考えれば「被災者が安価に簡単にゴミを除去できるサービスを提供する事業」を思いつくが、この場合の顧客（お金を払う人）はゴミを出す被災者である。しかし、目的は「ゴミのない清潔な街」の実現なのだから、顧客を被災者にせずとも「ゴミを希少な資源に変換するサービスを提供する事業」を考えられれば、その資源を高額で買いとってくれる他地域の人や企業などが顧客となるのである。このように目的（課題）から目を離さずに柔軟な発想で顧客を探すことが事業・ビジネスを考える上で重要である。

また、このように事業・ビジネスが提供する商品・サービスを購入しようとしている、あるいは今後購入する見込みのある個人や組織の集まりを「市場」と呼ぶ。市場には「顕在市場」と「潜在市場」があり、すでに多くの事業者と顧客が存在している市場を顕在市場と呼び、まだこれらが存在していない未開拓の市場を「潜在市場」と呼ぶ。そのほか、次に市場を考える際の切り口を列挙する。事業・ビジネスの市場を検討する際の参考にしてほしい。

ⓘ　**マス市場**

顧客を特定せず、似たようなニーズで大きくグループ分けを行う。規模は大きく、市場全体に商品・サービスを提供できる体制を整える必要がある（例：家電製品）。

ⓘⓘ　**ニッチ市場**

限られたニーズを持つ顧客に絞りこんでグループ分けを行う。価値や顧客とのつながり方など、すべてを特殊なニーズに合わせて調整する（例：特殊な精密機械の部品）。

ⓘⓘⓘ　**BtoB市場とBtoC市場**

ⓘとⓘⓘは「ニーズの捉え方」により市場を分ける切り口だが、これは顧客が「法人（business）」なのか「個人（consumer）」なのかで分ける切り口である。厳密な定義としては「市場」ではなく「ビジネスの形態」を表すものだが、市場を考える上での一助となるため、並記して紹介する。これ以外にもCtoC（個人間取引）やBtoE（企業と従業員の取引）、BtoG（企業と行政の取引）などもある。

例1：BtoB　業務用コピー機を企業に販売する。
例2：BtoC　コンビニなどでお弁当を販売する。
例3：CtoC　ネットオークションなどの個人間取引の仲介を行う。
例4：BtoE　社員食堂や優待販売など。オフィスで置き薬のようにお菓子を販売する方法もある。
例5：BtoG　企業が行政サービスを代行して行う、行政でのみ使われる商品を扱う。

市場が設定できれば、次に考えるべきことは「その市場に何を売るか」である。ここで注意してほしい点は、「商品・サービス」を検討する前に必ず「価値提案」を検討することである。理由は「商品・サービス」はあくまで手段であり、重要なことはその手段を通じて市場にいる顧客の「どんな価値を実現するのか」を考えなければ、いかに優れた商品・サービスであっても、その魅力は限定的にしか顧客に伝わらないからである。

②　提案する価値を考えよう

価値提案とは、顧客の抱えている問題を解決し、ニーズを満たすことである。つまり、顧客がその事業・ビジネスを選ぶ理由となるものである。また、価値提案は顧客が必要とする商品・サービスの組み合わせであり、事業・ビジネスが顧客に提供できる便益の総体ともいえる。重要なのは、商品・サービスそのものではなく、その商品・サービスを顧客が利用することで得られる満足こそが価値である。例を挙げると、化粧品メーカーのレブロンの創始者であるチャールズ・レヴソンは、自社の事業を「我々は工場では化粧品を作っていますが、小売店では希望を売っています」と表現したことがある。

また、スターバックスを世界的な企業にまで成長させたハワード・シュルツが当初開業したエスプレッソ・バーのコンセプトは、「我々はコーヒーではなく、自宅や職場・学校から隔離された『心地よい第三の居場所』を提供する」と定義していた。この二つの例は顧客に届けるべきは「価値」であり、商品はそのための手段の一つに過ぎないという考え方をよく表している。事業・ビジネスの提供する価値提案を検討する際には、商品の詳細から考えず、まず顧客に感じてもらう価値を明確にすることが必要である。

③　商品・サービスの機能を考えよう

ターゲットとなるユーザー（市場）とユーザーが喜んで対価を払う（と思える）価値提案が設定できたら、それを実現するための手段としての商品・サービスの機能を検討する。商品・サービスの機能とは価値提供するための仕様ともいえる。例えば、前述したスターバックスの価値提案が、第三の居場所の提供であったとすれば、それを実現するための機能として「人とのつながりを大切にできる場所」や「リラックスできる雰囲気」などが挙げられる。店舗で提供されるコーヒーはその機能の極めて一部分である。

もちろん、スターバックスはコーヒーの味や品質に徹底したこだわりを持っているが、コーヒーの味だけで顧客は第三の居場所としての価値を満喫できないことは想像に難くない。そのほか、「顧客に滞在時間の制限を設けない」「一杯のコーヒーのストーリーまで語れるバリスタの接客」「空間に流れる心地よい音楽」「座り心地の良い椅子」「上質な時間を感じられる内装と空間づくり」「Wi-fi 完備」等といった様々な機能が、価値を高めるための重要な役割を果たしている。

(3) 事業・ビジネスを流れで捉えよう——事業価値の観点

事業・ビジネスの流れとは、原材料の調達から顧客に商品・サービスを届けるまでの事業・ビジネスの活動を複数の機能に分類し、それぞれの活動が価値を生み出すことにどのように貢献しているかを明らかにすることである。

① 事業・ビジネスは自社が持つ「資源」と自社が行う「活動」の組み合わせ。
② 資源には有形のものだけでなく、知名度やノウハウなど無形のものも含まれる。
③ 活動とは、自社が持つ資源を組み合わせて活用する過程のことである。

重要なことは、いかに優れたアイデアでも過程に落とし込まれなければ、顧客に商品・サービスは届かない。例えば、これまで以上に優れた価値であっても、滞りなく供給する体制や、アフターサービスやメンテナンスなどが整備されていなければ持続されない。また、その過程が既存の商品・サービス（ライバルや代替品）といかに異なっているかも重要となる。ライバルや代替品にすぐ模倣されてしまう事業・ビジネスは持続性が低く、顧客からの評価も得られにくい。この観点では、前の観点で決めた顧客と商品、価値提案を「どのように生み出し、顧客に届けるか」を考える必要がある。この観点が非現実的なものであれば、事業の成功は難しい。例えば規模が大きすぎたり、実行する方法が既存の技術にはなかったり、お金がかかりすぎたり、折角考えたアイデアが、すぐに真似されてしまう危険性がある、といった事態が生じる可能性が高いことが挙げられる。

事業・ビジネスの流れを検討する際には、①製造手段、②提供方法、③価格設定と販売、方法（収益を得るポイントの明確化）、④認知・集客の方法の四つを検討し、一連の流れとして図示することが重要である。

① 製造手段

提供する商品・サービスをつくりだす過程のことである。サービスの場合は、提供する人員の調達や教育手段なども含まれる。製造する場所や広さ、必要な設備などもおおよそでよいので想定することが必要となる。また、製造に必要な技術や素材が実現可能なのかも確認する必要がある。

② 提供方法

製造した商品を顧客のもとに届ける方法やそのための組織体制のことである。店舗展開や配送体制、ｗｅｂサービスの場合は、顧客が使用するデバイスや利用に必要なソフトウェアについても実現性を検討する必要がある。

③ 価格設定と販売方法（収益を得るポイントの明確化）

どの程度のサイズや量を提供し、どのくらいの価格とするのかを検討することである。課金手段も商品・サービスによって変わる。課金方法にも、定額課金や会員権販売、ローンなどの金融手法、フリーミアム等、様々な手段があるため、顧客にとって購入しやすく、かつ事業ビジネスを行う側の収益が確保できる手段を選択する必要がある。

収益モデルとして、やや特殊なものを次に挙げる。

成果報酬

発注時に定めた条件が満たされた時点で報酬が支払われる仕組みである。ネット広告や人材紹介、コンサルティング、業務代行サービスなどが代表例である。コストを最小限に抑えたい顧客に適している。成果を確認・測定できる事業・ビジネスでなければ使えない。

従量課金

利用した時間や量に応じて支払金額が決まる仕組みで、基本料金との組み合わせが可能である。使用料が顧客任せになるため、収益の見通しが難しくなる欠点がある。

Pay What You Want

提供された商品・サービスに対して、顧客が好きな金額を支払う。均一化されたモノではなく、顧客の満足感が価値の基準となる。定価の設定が難しい価値（芸術性の高いものなど）の収益化が可能である。価値提供の場を自社で構築できることが重要で、継続して収益を得ることができる体制構築が必要となる。

部分所有（Fractional Ownership）

高額な物財や不動産を複数のオーナーに分割販売する。販売したい物財の管理や手数料を収益の源泉とする。リゾート地の別荘のシェアリングやゴルフ場の会員権などが該当する。資産の所有権はオーナー側にあり、相続や譲渡が可能で、サービスを利用する顧客の規模や離脱率の把握が重要である。

サブスクリプション

一定期間ごとの定額料金で継続的なサービスを提供する。定額契約のため、収益予測がしやすく顧客獲得コストも削減できる。クラウド活用、シェアリング、本体と消耗品のビジネスとの相性がよい。顧客が乗り換えたくなくなる仕組みを構築することが重要である。

ライセンシング

自社のブランドや知的財産権を他社に販売する。ディズニーが有名であり、文房具やアパレルなどに権利を販売しているのがわかりやすい具体例である。ライセンスが成立するだけの知名度あるブランドや技術が必要である。

④ 認知・集客の方法

顧客に商品・サービスの存在を知らしめる方法のことである。具体的にはＣＭやチラシなどによるプロモーションが例に挙げられるが店舗網の充実や店舗デザイン、ｗｅｂなどでの告知活動、イベントの開催などもこれに含まれる。そのほか、顧客が継続して購入するための囲い込みの手段なども検討する。その際、対象としている顧客の属性に注意する必要がある（例：高齢者を対象としているのに複雑なＰＣ操作が求められる等）。

なお、これらのことに留意しても、実現できないアイデアをつくりだしてしまうケースは少なくない。陥りがちなミスに次のようなものがある。

過度な技術偏重

製品の品質ばかりにこだわり、流通手段や保管方法を考えていない。技術ばかりに着目して、顧客の認知の仕方を考えていない。

見た目万能主義

プロモーションやデザインしか考えず、材料調達や供給体制を考えていない。ネットなど費用が低い認知手段にだけ着目して、届けたい顧客に訴求できていない。

コスト度外視

資金の少ないスタート段階から全世界販売などを考える。顧客の事情を無視した価格設定や課金をしてしまう。

（4）そのアイデアは実現できるのか――技術価値の観点

事業・ビジネスを考える上で忘れがちなのは、提供方法と価格設定、そしてビジネス自体の規模である。ビジネスを始める段階で十分な資金を持っている人は多くない。最初からすべてを解決しようとせず、まずは小さく始めて、大きくしていくという過程を経る必要がある。事業・ビジネスの流れを検討する上で最終的な完成形を描くことは重要だが、その状態に到達するまでの途中のプロセスである「起業当初」「成長ステージ」といったそれぞれの事業・ビジネスの流れを描いてみることで、現実性を高めることが可能になる。

そして、これらの流れを描いた時に重要となってくるのが「経営資源」と「ステークホルダー」である。ビジネスの流れを描くと、その流れの入口から何らかのインプットがあり、顧客に価値として提供するための「変換」が必要であり、その変換を担う活動を誰が行うのか、これら二つのことを明確にする必要がある。

① 経営資源とは

① 物理的リソース――工場やビル、車両、機械、システム、販売網など。

② 知的財産――ブランド、知的所有権、特許、著作権、データなど。

③　人的リソース——知識集約な産業は経験や知識をもった人材が必須。
④　財務リソース——現金や融資限度、ストックオプションなど。

経営資源を明らかにすることで、価値を生み出すために必要な資源（ヒト、カネ、情報、時間、知財など）は何か、価値を生み出し、顧客に提供するために欠かせない行動とは何か、これまでに記述した活動の根幹をなす活動とは何かが明確になる。

②　ステークホルダーとは

一方、ステークホルダーとは誰を指すのか。事業・ビジネスは決して自社単独では成立しない。事業・ビジネスを構築するサプライヤーやパートナーとのネットワークが必要になってくる。また、仮に事業・ビジネスの流れの中で自社が保有可能なものであっても、効率や効果の観点からその資源をアライアンスを組むパートナーに依存することで事業・ビジネスを最適化したり、リスクを減らしたり、持続性を担保することもできる。

以下にステークホルダーとの協調パターンの一例を挙げる。

①　非競合企業との戦略的アライアンス（例　コンビニエンスストアと宅配会社が協調）。

② 競合企業との戦略的パートナーシップ（例　自動車メーカー二社が共同で工場を建設する）。
③ 新規事業立ち上げのためのジョイントベンチャー（例　家電量販店と衣料品店が別ブランドの店舗を開発する）。
④ 確実な供給を維持するためのバイヤー&サプライヤーの関係　など（例　生産者と飲食店が契約し新鮮な食材であることをアピールする）。

事業・ビジネスの流れの一例として、実際のビジネスで行われている特殊なものを列挙しておく。消費者側の視点からは存在を知る機会の少ないシステムであるが、経営資源とステークホルダーをうまく組み合わせ技術価値を生み出しているモデルとして参考にしてほしい。

OEM（Original Equipment Manufacturing）

製品製造を他社に委託し、その製品を自社ブランドとして販売する手法である。多様な企業から製造プロセスのみを受注することで効率化を図る。販売元となる場合は、製造元が類似製品を他社に売るリスクがあり、製造元となる場合は、販売元の能力に収益を依存するリスクがある。

製造小売

企画から製造、小売りまでをすべて自社で手がける。顧客ニーズや販売動向を直接把握し、迅速に対応できるが、事業展開に必要なコストを確保できるだけの商品展開が必要であり、原料の調達先の確保や、管理する手法も必要となるため、多くの経営資源が必要となる。

Make To Order

顧客から注文を受けて製品を製造するため、在庫リスクがない。注文を受けてから早く、安く提供する仕組みが価値になる。収益のバランスをとるためには一定以上の需要が必要となるモデルである。

直販（Direct Selling）

製造元が卸業者を仲介させず、直接販売を行う。卸業者や小売店のマージンがかからないので、コストが抑えられる。ビジネスの構造がシンプルな分、ライバルに模倣されやすい。製品のもつ独自性、品質やスピード、カスタマイズ性が必要なモデルである。

フランチャイズ

開業や事業のノウハウそのものを商品にする。加盟店を増やすことで事業規模を拡大する。開発時のコストが非常に大きいが、拡大とともにコストが減る。ノウハウの模倣困難性が加盟店の流出のカギとなる。事業の拡大に伴い、流通機能の維持が複雑になる点に注意が必要なモデルである。

ボランタリーチェーン

中小の小売店同士が協力し合ってコスト削減を行う。大量一括仕入れや共同設備投資によってコストを削減するモデルである。しかし、加盟者が自由過ぎる行動をとるとブランドが毀損されるリスクを生む点に注意が必要である。

前述の通り、事業・ビジネスの流れには、様々な形がある。無理をしてまったく独自のシステムを考える必要はない。世の中にすでにあるシステムを参考にして考えることが有効である。アイデアに独自性があれば、システムを模倣することは悪いことではない。同じ業界だけでなく、まったく異なる業界のシステムを模倣することも有効である。(4)

(5) チェックは抜かりなく! 事業・ビジネスに影響を与える外部環境

最後に、事業・ビジネスは特定の環境で実行されるため、外部環境について考える必要がある。これは実現性の検証であり、技術的な問題や法制度などを精査し、その事業・ビジネスが持続的に市場に存在できるかどうかを点検する観点である。次は、この観点に鑑み点検すべき項目である。

① **法律や規制**

事業・ビジネスの扱う商品・サービスは現状の法制度で取り扱うことは可能か、あるいは今後の法改正・行政の規制により不利益を被る可能性はないか、という点について検証する。

② **資金や原料の調達**

事業・ビジネスの存続に不可欠な経営資源や資金の調達ルートは持続的に存在しうるか、調達するものが希少な資源である場合、事業・ビジネスの成長のネックとなる可能性がないか、という点について検証する。

③ **新技術の登場**

事業・ビジネスにより生み出される価値の源泉となる技術に代替する新技術が登場する可能性はないか。半永久に優位性を担保できる技術は少ないが、近年実用化される可能性のある研究がすでにあるかどうか、という点について検証する。

④　人材の調達や確保

事業・ビジネスの活動を支える人材の獲得が、事業の成長スピードに合わせて調達可能なものであるか、という点について検証する。例えば、特殊な技能や資格を持つスタッフや、安価に調達できる労働市場等が存在するかどうかが挙げられる。

⑤　競合や類似のビジネス

想定した事業・ビジネスと同様の市場で同様の価値を提供している事業・ビジネスとは競合することになる。そのため、顧客の立場から見た時、自身の事業・ビジネスが競合と明確な差別化ができているか、または、同様の価値を提供可能な類似の事業・ビジネス（同業界ではない）が代替となる商品・サービスを提供していないか、という点について検証する。もし、これらが存在した場合、想定している成長や収益は望めなくなる可能性が高い。その際は、新たなアイデアを生み出すか、競合や類似のビジネスでは決して提供できない価値があるかどうかを再確認する必要がある。

⑥　社会の変化

現時点で顧客に支持される可能性はあっても、社会のトレンドが変化することにより支持が失われることがある。とりわけ人の志向や嗜好、社会的関心の移ろいやブームといった、いわゆる世論の変化により需要に変化が起こるリスクについても検証する必要がある。

一般的に、これらのチェック項目を一度の検討ですべてパスできるケースは少ない。しかし、事業・ビジネスの検討とは、このチェックを何度も行いながら練り上げることが重要であり、このプロセスこそが持続性のあるビジネスアイデアを生み出す上で欠かせない。

4　アイデアの形が整ったら……もう一回チェック！
——レジリエンスビジョンと再照合する

以上が、図6-1の右側に該当する思考プロセスであり、社会的価値と経済的価値の両立を目指す上で必要な検討である。世の中には、巨万の富を生み成功したビジネスが数多く存在する。しかし、利益を生み出すだけでなく、その事業・ビジネスが、描いた未来社会の実現に欠かせない影響を与えるものになっているかを問い続ける必要がある。それが図6-1の右側最下段の「レジリエンスビジョンとの再照合」の欄である。

ビジョンのすべてを実現する必要はない。ただし、事業・ビジネスがそのビジョンの実現のための欠かせない最初の一ピースであることが重要である。ここまで私たちは公助に頼らず、共助や自助により社会問題を解決するために、ビジネスのアイデアを考えてきた。したがって、そのアイデアは図6-1が提示する条件を満たさなくてはならない。それが「社会的価値と経済的価値を両立する」ことなのである。

注

(1) 本節で紹介する「三つの価値」は NOSIGNER 株式会社代表取締役太刀川瑛弼氏が INDUSTRY CO-CREATION の主催するICCカンファレンス2016「ソーシャル・イノベーションのインパクト創出」のセッションで紹介した「イノベーションと4つの価値」という考え方を参考にチームが新たな解釈等を加え作成したものである。また、同様の観点で事業・ビジネスの全体像を捉えるフレームワークとして、川上(二〇一六)がある。興味のある方はぜひご一読してほしい。

(2) 本項で述べていることは「イノベーションのジレンマ」等数多くの名著を残しているクリステンセンら(二〇一七)に詳しく記されている。興味をもたれた方はぜひこちらもご一読してほしい。

(3) 本項で述べていることはビジネスをどのように組み立てるか? についてであるが、オスターワルダーとピニュール(二〇一二)に詳しく記されている。興味をもたれた方はこちらもご一読してほしい。

(4) 先達のビジネスに倣ってアイデアを考えるにあたって近藤(二〇一八)が参考になる。多くの優れたシステムがわかりやすく図示されている。ご興味ある方はぜひご一読してほしい。

参考文献

オスターワルダー、アレックス、イヴ・ピニュール／小山龍介訳（二〇一二）『ビジネスモデル・ジェネレーション――ビジネスモデル設計書』翔泳社。

川上昌直（二〇一六）『そのビジネスから「儲け」を生み出す9つの質問』日経ＢＰ社。

クリステンセン、クレイトン・Ｍら／依田光江訳（二〇一七）『ジョブ理論――イノベーションを予測可能にする消費のメカニズム』ハーパーコリンズ・ジャパン。

神戸新聞社（二〇〇八）「被災者生活再建支援法成立一〇年――全国三二災害に支給一五八億円」（『神戸新聞ＮＥＸＴ』四月二七日付、https://www.kobe-np.co.jp/rentoku/sinsai/14/rensai/200804/000588618.shtml、二〇二一年一二月一〇日アクセス）。

近藤哲朗（二〇一八）『ビジネスモデル2・0図鑑』ＫＡＤＯＫＡＷＡ。

名和高司（二〇一五）『ＣＳＶ経営戦略――本業での高収益と、社会の課題を同時に解決する』東洋経済新報社。

日本経済新聞社（二〇一九）「なぜ天気予報の精度は上がったか――最新のアルゴリズム」（『日本経済新聞』二月二七日付、https://www.nikkei.com/article/DGXMZO40552850Y9A120C1000000/?unlock=1、二〇二二年六月一〇日アクセス）。

INDUSTRY CO-CREATION「ソーシャル・イノベーションのインパクト創出」（https://industry-co-creation.com/management/2947、二〇二二年九月一日アクセス）。

第7章　災害地フィールドワーク

加藤知愛
友渕貴之
阿部晃成
金井純子
北岡和義
齊藤誠一

本章では、災害地フィールドワークの事例や手法について解説する。被災からの回復期は、苦難が連続する時間であるだけではなく、「新しい社会システム」の芽が生まれて育つ時間でもある。オープンデータにはまだ現れない「新しい社会システム」の息吹を、混乱する現象の中に見出すために、フィールドワーカーは、災害地に出かけていき、被災地に暮らす人々に歩み寄り、そこで何が起きたのかを語ってくれる人に会い、その声に耳を傾ける。ニュースに流れることのない無数の家族や友人たちの物語に出合うだろう。そして、社会の課題を見出し、ビジネスの形を描いていく。

本章では、レジリエンスプログラムで実施されたフィールドワークを事例として取り上げる。第1節ではフィールドワークの手法、第2節では北海道胆振東部地震で被災した厚真町と安平町のフィールドワーク、第3節では東日本大震災を経験した女川町および石巻市で行ったフィールドワークと気仙沼市の復興事例、第4節では南海トラフ巨大地震が予想される徳島県徳島市でのVRを利用した仮想フィールドワーク、第5節ではフィールドワークに入る際に重要な災害心理を紹介する。

1　災害地でフィールドワークを実施する時の心得

第1節では、被災地に生きる人々が暮らす世界を見つめて、言葉を聞き、心にとめて、ビジネスの形を描くためにフィールドワークへ赴く時に踏まえておくべきことについて解説する。

(1)　被災地に生きる人々が暮らす世界を見つめる

フィールドワーカーは、「この町のこの地域（community）に、今、行かなければならない」という心の声に従って選んだ唯一の地域に、研究のために、調査のために、自らの学びのために、そして、ビジネスを考えるために赴いて、その世界を観察する。インタビューとなる人々の言葉をありのまま受け取り、これまで学んだ思考方法や方法論を使ってその意味を定義し、自らの「問い」を検証する。災害の現場では、机上で組み立てた研究仮説も事業仮説も一瞬で微塵になるが、その体験こそが、新たな問いが生まれる起点になる。インタビュアーとなったフィールドワーカーは、出会った人々の営みの本質を、彼らの語りから理解し、彼らのコミュニティのアイデンティティを表す集合的な物語に編み直す。このシナリオこそが、眼前にある社会の課題と、あるべき姿（レジリエンスビジョン）をつなぐ物語となり、ビジネスの形を描く際のコアコンセプトとなる。

（2）フィールドワークのアプローチ

フィールドワークとは、社会的現実（social reality）からデータを抽出する一つの方法である（箕浦 二〇〇九）。人々が生活を営んでいる状況を共にし、その状況や人々の言葉や行動からデータを得て読み解き、より良い社会を創ることに役立つ何かを生み出し、研究や事業成果にして社会に還元する。そのためにフィールドワークを行う。フィールドワークには二つの方法がある。一つは観察することであり、もう一つはインタビューすることである。

① 観察する

「観察する」とは、人々が生活を営んでいる場所で、現象を見つめる者（観察者）が自らの心を鏡にして、リアルタイムで起きていることを体感を伴って把握することである。そのように観察したことをノートや映像に記録し、自らの問題意識と価値観に則して、焦点を合わせるべき事象を選択する。問題意識があいまいなまま調査の準備を怠った状態で現場に行くと，何も感じ取ることができないばかりか，十分なデータが得られない。したがって，何のために，誰に会い，どのようなデータを求めて観察するのか，得られたデータをどのように活かすのか，フィールドワークの目的とアプローチを絞り込み，観察する対象を定めてから出かけることになる。これを調査・評価デザインと呼ぶ。フィールドでは，教師や学生などの属性を取り払い，ただの一人の観察者として，対象となる人々に真っ直ぐに向き合う。すべてのフィールドワークは，そのような状況をつくりだすことから始まる。

②　インタビュー

インタビューとは，インタビューを実施する者と，インタビューを受ける者との間で感情や言葉を通して交換される相互作用であるといえる。インタビューにおいては，インタビュアーがスケジュールと，面接方法（調査票，調査項目，調査場所の要件など）を設計して，インタビュイーに面接を依頼し，インタビュイーとの間に信頼関係を構築しながらインタビューを実施する。インタビュイーが気持ちよく語ることができる瞬間が訪れるまで辛抱強く待ち，その瞬間が到来したら心を落ち着けて傾聴する。食事会やセミナー後の懇談など、インフォーマルな場でコミュニケーションをとることができるなら、それが絶好のインタビューの機会となることもある。

③　フィールドにおける倫理

災害地フィールドワークの際には、被災された人々が背負っている現実に、限りなく接近し、自らの心に映る風景を刻んでおきたい。人々の生活を壊すことのないように、最大の配慮をもって観察し、インタビューを行い、得られたデータから導き出した何か（ビジネスモデルや研究レポートなど）を、感謝を込めて協力してくれた人々に伝え、承諾を得て公表することになる。フィールドワークでは、訪れた自治体や企業、NPOの関係者と取材者との間に、互いを受け入れ合う関係性を築くことが大切である。フィールドワークを続ける本当の目的は、このような信頼し合う関係性を、時間をかけてつなぎ続けることにあるといっても過言ではない。

2　北海道厚真町・安平町でのフィールドワーク

（1）北海道胆振東部地震

二〇一八年九月六日、マグニチュード6・7の北海道胆振東部地震が発生した。厚真町で震度7、安平町とむかわ町で震度6強、札幌市東区で震度6弱を観測した。この地震は、活断層が最長南北約三〇㎞ずれ動いた逆断層型の内陸直下型の地震で、厚真町では一六〇カ所の大規模な土砂災害が発生した。同町では以前より豪雨による土砂災害危険箇所を公表して避難行動を呼びかけていたが、地震と土砂災害が同時に起きることは誰にも予測できなかった。山裾の集落が土石流に呑み込まれ、多数の死者と重軽症者が出た。この地震の死者は四二名、重軽傷者七六二名、全道の土砂災害件数は二二七件、家屋の被害は、震源地周辺および札幌市を中心に全壊四六二棟、半壊一五七〇棟、一部破損一万二六〇〇棟だった（内閣府「防災情報のページ」）。

また、北海道電力苫東厚真火力発電所が緊急停止したことにより電力需要量が供給量を大きく上回り、周波数の調整電源が不足して道内全域に及ぶ大規模停電（ブラックアウト）

に見舞われた。その被害は最大約二九五万戸に及び、復旧には四五時間を要した（内閣府編 二〇一九）。

（2）北海道胆振東部地震で被災した厚真町

① 厚真町が目指す震災復興

北海道胆振東部地震の災害の規模と特徴、復旧・復興プロセスを直視して、防災・減災・復興を牽引するビジネスモデルを立案するために、北海道勇払郡厚真町と安平町で現地視察とヒアリングを行った。現地視察は「観察」であり、ヒアリングは「インタビュー」である。二〇一九年九月、厚真町経済局産業経済課の宮久史さんによるガイドのもと、二台のマイクロバスで、土砂災害現場に向かった。阪神・淡路大震災とも東日本大震災とも異なる大規模災害の破壊力を目の当たりにして、先の二つの大災害の社会システムとその背景、産業構造へのダメージの違いを、肉眼で実感を伴って理解した（資料7－1）。

災害規模、種類、それがどこで起きるのかによって、復旧・復興プロセスで活用する「自助・共助・公助」の占める比率は異なる。川の流れを変え、山を移動させるほどの大規模な自然災害があった厚真町の復旧・復興とは、何より公助によるインフラの復旧だっ

資料7－1　土砂災害復旧現場の様子
出所：加藤知愛撮影。

資料7－2　宮久史さんによる厚真町の復興についての解説
出所：加藤知愛撮影。

た。復興が進む上での様々な障害や、インフラ復旧後に求められる新しい産業、国と自治体の制度的な関係から、自身の具体的な取り組みまでのお話を、宮さんからうかがった（資料7－2）。

宮久史さんの言葉
――「森林再生とローカルベンチャースクール」

二〇一八年、北海道胆振東部地震が発生しました。厚真町では三七名が大規模な地滑りと土砂崩れに集落ごと呑み込まれて亡くなりました。厚真町は、九〇〇〇年前の火山灰堆積の上に造成された町で、同様の被害は（筆者注：今回と同じような規模の地震が起きたのは）四〇〇〇年前です。伝承で語り継ぐことは不可能です。私は、厚真町で森林業の専門官として採用されて、森林を育てて地域の基幹産業として再生する事業に取り組んでいました。一方、「人を起点にした町づくり」をしたいと思って、ローカルベンチャースクール（起業家人材育成事業）の試みをスタートしていました。なぜなら、厚真町を「幸せな個の集合体」にしたいと思っていたからです。本気と覚悟があれば、壊滅した森林も必ず再生できると思っています。

震災後、ローカルベンチャースクールを続けるべきなのか迷いましたが、町の皆が「やってほしい」と言ってくれて、続ける決意をしました。厚真町の復興は、すべての人がありたい自分でいることができ、そして前向きな活動を始めることができ、ロジカルで理性的な判断ができる状態をつくることだと思っています。

参考1　厚真町「ローカルベンチャースクール」

厚真町は、厚真町で起業に挑戦する人を育成するために、「厚真町ローカルベンチャースクール」(https://a-zero.group/lvslll-atsuma-lvs)を運営している。同スクールでは、①起業を目指す人、②新規就農を目指す人、③企業に所属したまま厚真町で活躍を目指す人を募集し、スクールの選考を通過した人に対して、町の資源も魅力も熟知した役場担当者と起業経験者が、町民と起業家の架け橋となって事業化支援を行う。地域おこし協力隊制度を利用して起業を準備することも可能である。地域活性化起業人制度を活用する場合には、地域での活動費と参加企業への負担金が支払われる。同スクールで選考される起業家に共通する要素には、事業の高い完成度とともに「なぜ厚真町でその事業や仕事に取り組むのか」という動機の明確さがある。厚真町では、動機や情熱の部分を特に重視して選抜している。

②　安平町が目指す復興の形

北海道勇払郡安平町は、二〇〇六年に早来町と追分町が合併して誕生した人口約七〇〇〇人の農業と競走馬生産の盛んな町である。二〇一九年の北海道フィールドワークでは、安平町の復興ボランティアセンター（現・ＥＮＴＲＡＮＣＥ）を視察した。副センター長の林賢司さんにレクチャーを受けて、復旧から復興のプロセスで何が起きるのか、それにど

資料７－３　復興ボランティアセンターの林賢司さんによるレクチャー
出所：加藤知愛撮影。

資料７－４　井内聖さん（はやきた子ども園）
出所：井上聖氏提供。

のように対応するのか、災害後の復旧から復興のフェーズを担う組織は、非営利組織なのか営利組織なのか、ビジネスはどのような手順で組み立てていくのか、復旧期にはどのようにマーケットと向き合うのか、具体的に知ることができた。

公助の比率（国の関与）の大きい厚真町の復興の様相と異なって、安平町は民間で取り組む領域を広げるアプローチをとっていた。安平町が描く復興の核には教育がある。安平町がこうしたビジョンを発災直後に打ち出すことができた背景には、はやきたこども園園長の井内聖さんの実践がある。井内さんは、即座に災害ボランティアセンターを設立し、株式会社 Founding Base の共同代表の林賢司さんも参画して、瓦礫撤去等の復旧事業を進めた。さらに、復興ボランティアセンターを設立して、被災者の精神的なサポートや、中学生の学習支援を行う

「あびら未来塾」を立ち上げた。井内さんと林さんは、かつて日本に存在し、現在は希薄になった共助を教育によって蘇らせようとしているのである。レジリエンスプログラムでは、井内聖さんに、予備調査、講演会、ビジネスモデル発表会レセプションの過程で三回のインタビューを行った（資料7－3・4）。

井内聖さんの言葉――「義を見て為ざるは勇なきなり」

二〇一八年九月六日午前三時七分、五歳児のお泊まり保育をしている時に、北海道胆振東部地震が発生しました。よつんばいになったまま動けないほど激しい揺れでした。園のマニュアルでは子どもたちを迎えに来た保護者に引き渡すことになっていましたが、ケガをして来られない親御さんもいるかもしれないと思いました。園にいる子どもたちは、このまま園にいて留めた方が安全だと考えて、すぐに「全員無事です」と第一報の一斉メールを送りました。翌朝に保護者が子どもたちを迎えに来ましたが、役場の職員や医療に携わる親御さんは来ることができませんでした。この人たちのためにも子どもたちが安全にいられる園が必要だと強く感じて、二日後に再開することを決めました。しかし、園の先生たちも被災者です。人手が足りませんでした。Facebookで「明日から園を開けますが、先生が足りません。助けて下さい」と発信しました。三〇人の方が申し出てくれて、ボランティアで来てもらいました。はやきた子ども園では、児童の出欠情報を端末で確認できるPiPit登園システムを使っていたので、このシステムを応用して、web上で登録できるボランティアの管理システムをつくって公開すると、二四〇〇人というたくさんの方が登録してくれました。及川秀一郎町長から災害ボランティアセンターのセンター長になってほしいと依頼を受けた時に、私は「義を見て為ざるは勇なきなり」という中学時代の恩師の言葉を思い出して、即座に引き受けました。

全道的なブラックアウトが起きましたが、園にはモバイルバッテリー、パソコン、電気自動車、マグネシウム空気電池などがあって、タブレット端末などの機器は問題なく使えました。お泊まり保育では、森の中で火を起こしてお米を炊いてご飯を食べ、ドラム缶のお風呂に入り、寝袋で寝ます。つまり、子どもたちは、地震時に生き抜くための行動を、日常の園の行事で経験していたのです。そして、地震に遭いました。園で飼育している馬が逃げ出してしまったのですが、地域の人が連れ戻してくれました。直後に怖がっていた子どもたちも、友だちとの関わりを通して、普段のありのままの状態にだんだんと戻ってくれました。一見、正反対に見えるITとアウトドアをつなげて工夫するところに、災害を乗り越えるヒントがあります。

災害ボランティアセンターから復興ボランティアセンターになってからは、地域コミュニティの活性化のための町民参加のイベントを実施しています。震災復興では「行政中心ではなく、町民中心」でコミュニケートできる状況があることが大切だと思います。共助で進めていく復興です。復興ボランティアセンターは、町民のハブになりました。役場の人とも、町長とも状況を共有しやすい関係性をつくり、そのつながりを太くして、皆でプラスの方向に進むようにします。

安平町には、総合計画と復興計画があります。計画してからやるのでは遅い。実践が先にあって、計画がありますす。計画は通過するところです。「民間、つまり現場で実践してうまくいったので、町としてもやってみませんか」と声をかけます。震災後には、通常は五〜一〇年で表面化する問題（人口流失、コミュニティ、空き家、交通、建物の老朽化など）が一度に押し寄せてきます。平常時にビジョンを持っていないと動けません。安平町は、新しい町長の下で、様々な人が震災前から将来について考えていたために、震災後には「ピンチをチャンスにしよう」を合言葉にして動き出すことができました。同時多発的に前倒しで来る課題に、次々に取り組むことが復興です。小学生や中学生は、震災後にがんばっている大人を見ています。復興を牽引する人間性は、競争の中で誰かに教えてもらうのではなく、復興を通して染みこんでいくものだと思います。教育がよければ、人は町に残ります。

参考2　Fanfare あびら起業家カレッジ

Fanfare あびら起業家カレッジ（https://fanfareabiraentrepreneurshipprogram.com）は、起業家を育成するために二〇二一年に開講した移住・起業プログラムである。新しい暮らしや働き方、事業創出に挑戦する起業家を、発掘・育成・選考する。オンライン／オフラインのイベントやアイデアソンキャンプなどを経て、Fanfare 本プログラムとして書類審査・一次選考合宿・最終選考会が開催され、採択されると、最大三年間のベースインカムが支給され（地域おこし協力隊制度の活用）、町役場・民間プレイヤー・Fanfare 事務局からの支援を受けることができる。子育て世代が安平町への移住を決断する要件には、教育環境があるため、「教育を中心に据えたまちづくり」を宣言している。

参考3　ENTRANCE

ENTRANCE（エントランス）（https:entrance-abira.com）は、災害ボランティアセンターを担ったメンバーが、復興の未来をつくる拠点としてオープンした。災害復旧が終了する二カ月後から失われつつあった活力を取り戻して、まちを元気にする活動を開始するために立ち上げた復興ボランティアセンターが前身である。学ぶ場を失った中学生を対象とする無償の塾を運営支援するなど、様々な活動をしている。ENTRANCEという名には、「復興への未来の入り口」や「一人ひとりの未来への入り口」との意味が込められている。

（3）　北海道厚真町、安平町でのフィールドワークからの学び

被災地のフィールドワークから、次のようなインサイト（深い考察）を読み取ることが

できる。厚真町のフィールドワークは、「インフラの復旧がなければ、人の日常の暮らしは戻らない」ことを明示している。発災から復旧、復興まですべてのフェーズで、そして自助・共助・公助のいずれかの領域で、新規ビジネスの機会はある。地域にビジネスを起こす際には、制度的な仕組みで進められる復旧・復興事業と、それでは届かないサービスの両方の領域をながめて、必要な社会資本とその価値を最初に定義し、公共的なサービスとマーケット原理が両立するビジネスを考え、限界をブレイクスルーするポイントを見つけることが重要である。

一方、安平町のフィールドワークでは、実際に起きている課題と制度的な仕組みを合わせて「届かないサービスを補う実践は民間ボランティアが担っている」ことを学んだ。地域外の人の力を受け入れて（受援力を発揮して）、立ち上がるための場（はやきた子ども園やENTRANCE）を造り、行動する実践者（井内さん、林さんら）が安平町の復興を進めていた。

レジリエンスプログラムの参加者は、このフィールドワークの体験を基に、それまで構想していたビジネスモデルを検証して、新しいモデルを再設計した。ほとんどの学生が、フィールドワークでつかんだ事実を活かして、ビジネスモデルをブラッシュアップしたのである。小野寺聖さん（当時・北海道大学）の「ぼくらで作ろう（繕う）みんなの『Do路』――平常時／非常時に機能する道路状況通報システム」はその一つである。この事業モデルは、厚真町のフィールドワークの視察で得た公助による復旧と市民の行動変容を合わせて、デザインされている。

　小野寺さんのプランを、レジリエンスプログラムが提供する習得スキルの設計に沿って説明すると、まず現状分析から四つの状況変化（①物流・交通ネットワークの機能停止、②避難所運営に必要な緊急物資の不足、③ストレスの増加、④二次被害の発生・拡大）を予測し、その背景にある三つの社会システムの脆弱性（A．外部供給に頼るしかない物資、B．「救援を待つ」という姿勢、C．インフラ復旧における自助の過小評価）を読み解いた。そして、脆弱性を解決して、社会的価値と経済的価値の両方を達成するビジネスを立案した。平常時の機能と災害時の機能を合わせ持つだけでなく、住民の行動変容をうながして、道路復旧を加速させる点に特徴がある。小野寺さんは、レジリエント社会を創る上で重要なことは、「自助と共助がもたらすインパクトを過小評価しないこと。そして、持続性確保のためには、市民が強制されることなく、自発的に取り組むこと」だと語っている。小野寺さんは、レジリエンスプログラムを修了した後に国家公務員となってレジリエント社会を創る仕事に取り組んでいる。

　また、望月貴文さん（当時・北海道大学）は、安平町の復興ボランティアセンターのコミュニティづくりから着想した「箱庭ゲームを現実社会に」というビジネスモデルをデザインした。望月さんのプランは、災害対策基本法の枠組みで届かないサービスを、「箱庭（場）」で実践するというもので、「災害復興に資する農業・林業関連ビジネスの試作品を、市民が災害を擬似体験しながら、平常時に計画的に立案する」ことに特徴がある。「箱庭」では、平常時と災害時の活動が共存することになり、それらの活動が、法制度上区別される復旧と復興のフェーズを断絶することなく推移する。望月さんは、安平町の復興ボランティアセンターへのヒアリングでヒントを得て、「地域で色々な人が本気で議論する場や仕組みがあれば、皆で解決策を見つけだすことができる。学生や役場職員が入って話す場があれば、足りないものは何かを見つけられる。平常時から行政や住民の声に応える仕組みをつくっておけば、災害時にも応用できる」と考えたという。

レジリエンス起業家の言葉①――小野寺聖さん

　最も基礎的な交通インフラである道路に注目し、災害時の物資不足を可及的速やかに緩和するための方法として、「避難者の合理的判断に基づく自主的行動による交通ネットワークの復旧」を目指すビジネスモデルを考えました。市民から道路状況に関する情報を収集するシステムを構築し、それらの情報を集約して行政や市民に販売します。市民が通報することにインセンティブが働くように、通報の度にトークンを発行し、規定量で商品と交換できるようにします。購入する行政部門は、比較的低コストで効率的に道路状況に関する情報を収集することができます。これらのデータは、交通データや気温データと組み合わせ、道路の損傷程度の将来予測に役立つ可能性があります。災害時の物流の停滞は、あらゆる方面に波及する重要な課題だと考えています。レジリエンスプログラムでは、社会的価値と経済的価値を両立するビジネスモデルを考えることができました。

レジリエンス起業家の言葉②——望月貴文さん

災害時の課題（町内会高齢化、主体的に避難しない住民、農業の高齢化、困難な交通インフラの維持など）をビジネスで解決したいと考えました。「箱庭ゲーム」は、耕作放棄地を取得して防災を擬似体験できる場（箱庭）を造成し、防災を擬似体験したい人を開拓民として招き入れて、地元の技術者、防災士が専門的な知識を教える事業です。初期費用や維持費はあまりかからず、耕作放棄地の解消、町内会の活性化、開拓民の就農支援、加工品制作の場、企業CSRの支援の受け皿になるなど、地域社会にとってメリットがあります。災害時のレジリエンスの基礎体力を平常時から付けて、災害時には、「箱庭で学んだ知恵を活かしてこんなことができた」という状況が生まれたらよいと思います。厚真町にフィールドワークに行った際、被災地の実態は実際の現場に行かないと何もわからないのだと実感しました。

3　東日本大震災におけるフィールドワークと復興事例

(1) フィールドワーク設計の概要

東日本大震災における被災経験と復旧・復興の軌跡を辿ることで、レジリエンスとは何か？　ということを考えるための具体事例を知ることを意図している。本節で紹介するのは宮城県石巻市雄勝地区および大川地区における被災時の避難行動に関する事例、そして市街地としての女川町と集落としての気仙沼市唐桑町大沢地区における復旧・復興の事例についてである。雄勝地区については雄勝町の雄勝地区を考える会の阿部晃成氏、大川地区については大川伝承の会の語り部である永沼悠斗氏、女川町については女川町役場の青山貴博氏、土井英貴氏、女川みらい創造株式会社代表取締役社長の阿部喜英氏、気仙沼市大沢地区については筆者が話題を提供した。大川地区、雄勝町、女川町はフィールドワークを実施し、気仙沼市大沢地区については講義形式で説明を行った。

(2) 東日本大震災と復旧・復興の流れ

二〇一一年三月一一日一四時四六分頃に三陸沖の宮城県牡鹿半島の東南東一三〇km付近で、深さ約二四kmを震源とする地震が発生した。マグニチュード9・0を計測し、日本国内観測史上最大規模であった(内閣府 二〇一一)。死者数は一万九七六五人、行方不明者二五五三人であり、全壊一二万二〇三九棟、半壊二八万三六九八棟などの甚大な被害をもたらした(消防庁 二〇二三)。東日本大震災は地震、津波、火災、原子力と様々な災害が連動した複合災害となり、被害範囲が非常に広範であることが大きな特徴であるといえる。津波被害に焦点を合わせると、浸水面積は約五六一km²とされており、特に被害の大きかった青森・岩手・宮城の三県に絞ると津波浸水区域が四五八・七八km²、その内災害危険区域に指定されたのは一五八・八五km²である(国土地理院 二〇一二)。災害危険区域に指定されると、住居用建物の建築が禁止もしくは制限されることとなる。そのため住宅を再建するにあたって、東日本大震災の被災地では住宅再建のための高台を造成する防災集団移転促進事業による住宅再建が主流となり、元の住宅地をどのように活用していくのかも含めて、復興では検討していくこととなった。また青森県八戸市から宮城県松島町まではリアス式海岸となっており、複雑な地形に小さなまちが多数点在していることから一元的に被災地を捉えることはできず、各地で多種多様な復旧・復興を進めることとなった。

(3) 雄勝地区と大川地区の被災時における避難行動

雄勝地区は二〇一〇年時点では、三八一三人いたが、二〇一五年時点では一〇二〇人と七三・三％減少している(農林水産省 二〇一〇：二〇一五)。死者、死亡認定、行方不明、関連死を合わせると二四三名となっており、家屋被害は一四六七棟である(石巻市 二〇一一：二〇二三)。この地域には、元々二m程度の防潮堤があったが、津波により崩壊した。その後、最大九・七mの防潮堤が建設された場所である(復興庁 二〇二二)。

雄勝小学校は、海まで三〇〇m～四〇〇m程度の距離に位置している。地震発生直後、児童と教員らは教室の机の下で身の安全を確保し、揺れが止まってからは校庭に集合した。それから一〇分後に防災無線が入ってきたのを聞き、次の避難場所へと移動することを判断し、近くの神社に移動したが、津波が迫ってきていることを確認し、さらに山に登ることで難を逃れた。状況が読めない中で、わずかな情報を頼りに判断し、事なきを得た事例である。

大川地区は二〇一〇年時点では、二四二七人いたが、二〇一五年時点では一四〇八人と四二%減少している（農林水産省 二〇一〇：二〇一五）。死者、死亡認定、行方不明、関連死を合わせると四一六名である（宮城県 二〇二三）。

大川小学校がある釜谷地区は、海から四㎞ほど離れた場所に位置している。小学校付近では、防潮堤を超えて乗り上げてきた津波と北上川を遡上し、あふれ出した津波が校庭でぶつかり大川小学校を中心に周囲の民家も含めて大きな被害をもたらした。地震発生直後、大川小学校にいた児童と教員は校庭に集まり、防災無線などで入ってくる情報を聞きながら、一五時三三〜三四分頃に新北上大橋脇の堤防道路（通称：三角地帯）への避難を開始したとされているが、程なくして津波が到達し避難者を呑み込んだ。一四時四六分に地震が発生したことを踏まえると、学校から高台へ避難するのに四七分程度の時間を要していることがわかる（大川小学校事故検証委員会 二〇一六）。ここで議論となったのは、①校庭に集まってからの行動、②避難先として選択した場所についてである。当時、防災マニュアルは存在したものの、海岸から四㎞離れていたこともあり、大津波に対する想定がされていなかった。そのため、今回の津波でも難を逃れることができた学校近くの裏山への避難マニュアルが準備されていなかった。この裏山は避難先として目指していた場所よりも近く、校舎から五分程度で到着できる場所である。少し急な斜面を登らないといけないために低学年では登るのが難しいのではないかという意見もある一方、学校の授業でも裏山を利用していたので、避難することができたのではないかという意見もある。

現在、大川小学校は震災遺構として保存され、横には伝承館も整備された。この事例からどのような準備をしておけばよかったのか、どのような判断が必要だったのか、どこが分岐点となったのかなどを考え、自らの場合に置き換え、対策を取るための重要な教訓が残されたといえる。また海からの距離は異なるが小学校の近くに裏山が存在するという点で類似する小学校の具体例を比較することで気づくこともあるだろう。

(4)　女川町における公民連携の復興まちづくり

女川町では二〇一〇年時点では一万五一人暮らしていたが、二〇一五年には六三三四人と三七％減少している（農林水産省 二〇一〇：二〇一五）。死者、死亡認定、行方不明、関連死を合わせると八二七名、家屋被害は四四一一棟である（女川町 二〇二三）。女川町の基幹産業は水産業で、海の近くに店舗、住居、産業が集積するような形で町が形成されており、そのために津波被害は大きくなった。しかし、震災前の風景は今を生きる人にとっての原風景であり、原風景を大事にしつつも震災後に芽生えた考えを取り入れていく必要性を感じ、復興に取り組んでいる。公民連携の詳細については、レジリエンスプログラムでの女川町職員による講演内容を基に記述する（女川町ら 二〇二一）。

女川町の復興体制は民間が主導となった公民連携が大きな特徴といえる。二〇一一年三月二〇日に民間の方々が町の復興を進めていくための準備委員会を立ち上げ、同年四月一九日に女川町商工会が中心となり、町民団体も包括した上で「一〇〇年先の子供たちが誇れる町づくり」を目標に女川町復興連絡協議会（ＦＲＫ）を発足した。また、町の復興に関する計画・企画・活動の中心は一〇～二〇年後に責任が取れる三〇～四〇代の人たちが中心となり進めることが方針となった。公民連携の復興まちづくりを推進していくにあたり、復興関連の計画を策定する際には民間意見を反映するために会議体を都度立ち上げていった。あらかじめ、関連する人々に会議体に入ってもらい、その中で出た意見をきちんと計画に策定する仕組みを構築することによって、合意形成がある程度はかられた計画が企画されるがゆえに反対意見も少なく、スピード感を持った復興につながったとされている。

女川町が目指した復興像も明確で、駅から降りた人、高台で暮らす住民、商店街を訪れた人々などが海を見ることができる大きなマスタープランが敷かれている。海を中心に形成された町の文脈がここに引き継がれているといえる。また東日本大震災における風景の変化として巨大な防潮堤の存在が挙げられるが、女川町では海と陸地を分断する防潮堤はつくらず、災害危険区域に認定された場所を商業業務エリア、魚市場・水産加工場として整備しており、いざとなればみんなで逃げるという減災の考え方を取り入れている。

とはいえ、商業業務エリアはレベル1[1]に相当する津波の高さでは浸水しないように高さを調整している。その上で、いかに町の賑わいを維持・創出していくかということを検討していくのだが、主に二つの考え方を取り入れている。一つ目はコンパクトな市街地の形成、二つ目は土地・建物の所有と利用の分離である。女川駅を中心に町役場、小・中学校、地域医療センター、商業エリアが徒歩圏内に集約されており、特に駅から海に向かう歩行者専用道路が町のメインストリートとなっている。これは人口減少が進行することが想定されるわが国の現状に鑑み、機能を集約することで、賑わいの持続性を高めることを意図したものである。加えて、土地・建物の所有と利用を分離することで、ある店舗が経営の悪化等によって閉めることになっても、新規の店舗を入れることでシャッター街化することを防ぐ仕組みをつくっている。

女川町の場合は、土地は町が所有し、建物はまちづくり会社「女川みらい創造株式会社」（二〇一四年六月二三日設立）が所有、そして建物の中に各テナントが入るという仕組みとなっている。女川みらい創造株式会社の筆頭株主は商工会、次いで女川町が株を保有しており、副町長が監査を務めている。このような体制を構築することによって、民間と行政が責任を持って、町の中心部の賑わい維持に参画することができる持続的な体制を構築している。機能を集約し、可変性と流動性を持った中心部とすることによって賑わいの持続性を高めるというのが女川町が選択した方法である。その上で、さらなる賑わい創出に向けて、女川町を活用する人々を活動人口と称し、大学や民間企業との協働プロジェクトを展開するなど、現在も公民連携による取り組みが続けられている。また女川町の持続性を高める上で人口の維持は重要な課題といえるが、女川町では積極的に外部からの研修やお試し移住といったプログラムを通じて、女川町に訪れる人を増やすことで女川町に関心を持つ層を増やすことを積極的に取り組んでいる。定住は大きな覚悟が必要となるので、移住ありきで事業を進めるのではなく、町と関わる過程で魅力を感じた人が定住すればよいというおおらかな取り組みも女川町に注目が集まる一つの要因であると考えられる。

(5) 気仙沼市唐桑町大沢地区における住民と専門家協働によるまちづくり

大沢地区では、一八六世帯六三六人が暮らしていたが、震災により全壊一三八世帯、大規模半壊一世帯、一部損壊二世帯の被害を受けた。現在は一三九世帯が暮らしている（国土交通省 二〇二二）。二〇一一年六月一九日に防災集団移転促進事業（防集）による住宅再建方法によって従前地区への帰還を達成することを目的に、大沢地区防災集団移転促進事業期成同盟会が発足した。そして、二〇一一年一〇月に横浜市立大学、神戸大学、東北芸術工科大学、武庫川女子大学の有志が気仙沼みらい計画大沢チームを結成し、住民との協働による復興まちづくりが展開されることとなった。本地区の復興まちづくりは住民と専門家の協働による復興まちづくりのモデルとして評価も受けている[2]。

大沢地区には自治会と期成同盟会が主に復興事業に関する取りまとめを行っており、自治会は地区全体に関する事業（浸水区域活用や防潮堤の高さなど）、期成同盟会は住宅再建事業に関する窓口機能を担っていた。そこに専門家チームが加わり、地域外の人間として住民意見を集約し、それらを踏まえた計画作成や行政資料を住民がわかりやすく理解できるように「翻訳」することで、住民同士、住民と行政の橋渡し的役割を担った。

大沢地区は震災以前より住民同士のつながりが強く、コミュニティとしての一体感を大事にする地域であった。そのため、被災直後より地域住民同士による助け合いが生まれる環境であったことを初めに触れておきたい。一例を挙げると、被災直後に多くの住民が家屋被害を受け、避難生活を余儀なくされた際に家屋被害が軽微であった住民が周囲の住民に呼びかけ、共同生活を数カ月行っている。私設避難所ともいえる住宅に避難した住民は主に避難先の住宅に近く、家屋修繕が可能な住民である（友渕ら 二〇一五、二〇二三-a）。

このような行為が生じた背景としては、震災による住民属性の変化による住民同士の分断を回避したいという思いによるところが大きい。被災直後は災害によって生じた環境の違いに対して、気まずさや妬みのような感情が生じる傾向にある。そのような状況下において、同じ避難所に家屋を失った住民と家屋が残っている住民が同居することはトラブルを引き起こす可能性を秘めているといえる。この点を危惧した住民が自主的に受け入れを始めるのだが、遠くの親戚ではなく近くの住民に声をかけているという点に本地区が育んできたコミュニティの性質が現れていると感じる。平時より近隣住民との共同作業や交流行為が行われていたことから他者を招き入れる敷居が低かったのである（友渕ら 二〇一五）。また被災者にとっても自宅の近くで避難生活が可能となることで、家屋を修繕する作業を行いやすく、火事場泥棒など不審者の出入りなどを確認しやすいという利点があった。これは地域住民の関係性を示す一例ではあるが、復興過程においても地域住民全体の関係性が崩壊していないことが復興事業等を進める上での優位に働くことになる。

大沢地区の復興は大きく二つの合意形成の場（大沢みらい集会と大沢まちづくり会議）、一つの活動の場（大沢カエル教室）、そして一つの情報共有媒体（大沢復興ニュース）を軸に進められた（友渕ら 二〇二三-b）[3]。大沢みらい集会は、二〇一一年一〇月～二〇一六年一月の間に三八回開催された。期成同盟会が主となり運営し、防集や災害公営住宅による居住地再建事業やそれに付随する検討事項について話し合われた。主には地区への帰還を希望する世帯と各種事業に関連する人たちも参加していた。

当初は被災の程度を問わずに幅広く参加者が募ったが、住宅に関する議論が続く中で、徐々に住宅再建希望者以外の参加者は少なくなった。その背景には家の有無による住民の心理的な影響や議論の当事者性が低いことから参加しづらいという心理的背景が要因と推察される。

一方で、浸水区域の活用方針や防潮堤等の地域全体の復興計画についての合意形成も同時に進むため、住民全体の参加を促すことを目的に新たに大沢まちづくり会議という会議体を立ち上げた。大沢まちづくり会議は、二〇一二年七月～二〇一九年二月の間に三三回開催され、自治会が主となり運営した。以上二つが復興事業に関する地区の合意形成をはかる公な場であり、行政との意見交換も実施された。

しかし、復興事業に関する話し合いだけでは解消できない課題は山積しており、浸水区域を具体的に活用していくこと、そして被災後にプレハブ仮設やみなし仮設、従前の住宅などに分散した住民のコミュニティ形成、復興に関する情報共有等は住民内でも対応すべき課題として挙がった。

そこで、住民同士の交流と、地域の課題解決や魅力創出に向けた実験的な活動をする場として「大沢カエル教室」を専門家チームの学生と住民有志によって立ち上げた。主な活動場所は従前地区内に交流拠点として専門家チームが建設した「大沢カフェ」と称する交流の場（二〇一三年一一月完成）を利用した。これは、浸水区域の活用イメージを浮かび上がらせていくこと、そして仮設住宅で生活する住民と従前の住宅で生活する住民が集まりやすいようにと考えた結果である。本活動は二〇一四年六月～二〇一九年二月の間に二七回開催しており、活動テーマは①地域資源の再発見および利活用、②地域の伝統・慣習の継承と発展、③新たな魅力の創出としており、魚に関する授業や祭りで使われる飾りつけの製作、ピザ窯やベンチ、ウッドデッキづくりなどを行った。

合意形成の場では世帯を代表して一名が参加することが多かったが、大沢カエル教室では集会に参加する機会の少ない子供や保護者を巻き込むことで、より多くの住民が復興に関する活動に関与できる環境を構築していった。そして、これらの活動にも参加できない人たちに対して、現況を記録し、共有できる媒体として大沢復興ニュースを刊行（二〇一三年一一月～二〇一九年六月にかけて四〇号刊行）した。これらの活動体制は、より多くの住民が復興の活動に関わる機会を創出すること、そして住民全体が復興に関する進捗が共有されることによって、従前のコミュニティを維持した復興を目指した結果である。

本地区は、被災前に暮らしていた地域で住民同士が支え合っていた地域の暮らしを取り戻すことが、住民内の共通価値として醸成されていた。だからこそ、復興の進むべき方向に悩みながらも進めることを可能にし、住民だけでは不足する知識や技術、住民内では扱いづらい課題を外部の専門家チームが支えることによって、思いを具現化することにつながったといえる。

(6)　石巻市雄勝町における行政主導の復興まちづくり

石巻市雄勝町は、二〇〇五年の市町村合併（いわゆる平成の大合併）をした一市六町のうちの一町である。東日本大震災では一市六町のうち、内陸の二町を除いた旧市町が大きな被害を受けた。そのため、震災からの復興まちづくりにおいては石巻市が復興計画全体を統括し、個別具体的な計画については旧町単位で策定する二重構造を採用していた。

そうした背景がある中で、震災から二カ月後の二〇一一年五月には雄勝地区復興まちづくり協議会を設置し、行政（雄勝支所）・住民・商工業者・専門家などが参加する形で復興の体制が形作られ、復興まちづくりの議論を始めた。七月末には復興の要望書をとりまとめて石巻市本庁に提出するなど、石巻市全体で見てもかなり早いペースで意志決定をしており、「復興のトップランナー」などと表現されることもあった。

しかし、一〇月に石巻市から津波の遡上した土地を非可住地域にする災害危険区域の指定と、高台移転のみによる復興案が提示されると雄勝町の旧中心市街地に住んでいた住民を中心に現地再建の選択肢をなくさないでほしいとの意見が出た。また、復興まちづくり協議会とは別に旧中心市街地の住民有志が、住民自らが復興まちづくりを考える住民組織を立ち上げ、二〇一二年二月に独自の復興案を提示するなど様々な活動が行われたが、雄勝支所が受け入れることはなかった。そして、二〇一二年八月に、住民組織に参加していた住民を復興まちづくり協議会から除名し、公の復興まちづくりの場から退出させるなど、結果として雄勝支所主導の復興まちづくりが進められることとなった。

雄勝支所主導の復興まちづくりでは、石巻市の復興案通り、災害危険区域を指定し高台移転のみでの住宅再建を進めた。高台移転は、応募世帯の減少による計画再編、計画再編をするための時間経過がさらなる応募世帯の減少を招き、遅延が続いた。加えて、巨大防潮堤の建設計画が持ち上がると、当初は雄勝支所と残る住民が協力して反対運動を行ったが、雄勝支所が反対を諦め、残る住民の反対運動が続く中で巨大防潮堤の建設が進められることになった。

結果として、雄勝町は東日本大震災の津波被災地の中でも極めて高い人口流出率になった。そして、雄勝町内での復興まちづくりからこぼれ落ちた被災者については、着目されることもなく、極めて厳しい復興後を迎えている。

（7）避難行動と復興活動を俯瞰的かつ具体的に捉えることから考えるレジリエント社会

本節では、東日本大震災における避難行動と復興活動を複数事例紹介することで、俯瞰的かつ具体的に復興の状況を捉えることを目指した。また本節では取り上げていないが、本江正茂氏（東北大学）による避難生活期間における仙台近郊の詳細に関するレクチャーや山元町にある震災遺構中浜小学校におけるフィールドワークが実施されている。災害への対応や復興は、災害の程度や地域の風土、社会状況が異なれば、その後の対応も異なるものである。東日本大震災は津波被害という特徴に加えて、広範な被災面積であるがゆえに各浜・各市街地といった異なる都市特性を有する地域が被害を受けたために一元的に復興を捉えることが困難であるという特徴が表出した事例でもある。そのため、同じ未来を描くことすらも適切であるとはいえない。このような背景からも、各事例の特徴や差異をきちんと捉えること、その上で自分は何が課題だと感じたのか、そしてどのように解決したいのかを各自が自分事として考えられる環境を形成することに努めることが重要である。

4　未被災地である徳島県徳島市でのＶＲフィールドワーク

前節では、これまでにあった大規模災害に関するフィールドワークについて解説した。本節では、将来起こるであろう災害に対するレジリエント社会を創るためにフィールドワークをする場合について解説する。歴史資料やコンピュータシミュレーションを用いた解析から、南海トラフ巨大地震、首都直下地震、日本海溝・千島海溝周辺海溝型地震などの

表7-1　過去に発生した南海トラフ巨大地震の発生間隔

間隔（年）	発生年月日	地　震
	1361年8月？・3日	正平（康安）東海地震・南海地震
137	1498年9月20日	明応地震
107	1605年2月3日	慶長地震
102	1707年10月28日	宝永地震
147	1854年12月23・24日	安政東海地震・南海地震
90	1944年12月7・21日	昭和東南海地震・南海地震

出所：気象庁（n. d.）。

大規模地震が近く発生すると指摘されている。中でも、南海トラフ巨大地震による被害は西日本全域に及ぶ超広域になると想定されている。本節では、実際に大規模地震の被害を受けるであろう地域が抱えている問題・課題や現在進められている対策について学んでいく。

フィールドワークは、目的の場所を実際に訪れ、対象物を直接観察し、関係者にインタビューを行うなどして情報を収集し、体感的かつ直感的に状況を理解するものである。社会問題を発見し、ビジネスの形を描くために、フィールドワークは「社会システムの脆弱性」と「極度の状況変化の影響」の理論値を実感値に変える必要不可欠な過程であり、省略することはできないことが多い。しかし、諸事情で、例えば予算上あるいは身体上の理由で、従来のような対面でのフィールドワークが難しい場合がある。本節では、現地に赴けない時の一つの選択肢として、バーチャルリアリティ（VR）を活用して仮想のフィールドワークの事例を紹介したい。

(1) 南海トラフ巨大地震

南海トラフ巨大地震は、駿河湾から日向灘沖にかけてのプレート境界を震源域として、おおむね一〇〇〜一五〇年間隔で繰り返し発生してきた大規模地震である（表7-1）。前回の南海トラフでの地震（一九四四年の昭和東南海地震および一九四六年の昭和南海地震）が発生してから七〇年以上が経過した現在、次の南海トラフ巨大地震発生の切迫性が高まっている。南海トラフ巨大地震の発生確率は三〇年以内に七〇〜八〇％といわれている。静岡県から宮崎県にかけての一部では震度7、それに隣接する周辺の広い地域で震度6の強い揺れになると想定されている。また、関東地方から九州地方にかけての太平洋沿岸の広い地域に一〇mを超える大津波が襲来すると想定されている（気象庁 n. d.）。

中央防災会議「防災対策推進検討会議」に設置されている地震対策検討ワーキンググループが算出した被害想定によると、南海トラフ巨大地震の被害想定区域は、北は茨城、南は沖縄まで二九都府県に及ぶとされている。死者数は約二三万一〇〇〇人、全壊および焼失棟数は約二〇九万四〇〇〇棟（内閣府政策統括官［防災担当］二〇一九）となるケースを想定していて、東日本大震災の死者・行方不明者数が二万二三〇三人、建物全壊戸数が一二万二〇三九戸（消防庁 二〇二三）とを比べても、その被害の甚大さがわかる。

（2）VRを利用した仮想フィールドワークの設計

私たちはシコクサブロー合同会社の協力の下、株式会社リコーの三六〇度カメラ「RICOH THETA」を用いて三六〇度映像を撮影し、動画編集と翻訳を行った。フィールドワーカーは、メタ社のVRヘッドセット「Oculus Quest2」を装着すると、VRフィールドワークを体験することができる。

フィールドは、南海トラフ巨大地震による甚大な被害が予想されている徳島県徳島市である。徳島県は四国の東端にあり、本州とは明石海峡大橋・大鳴門橋で結ばれている。大阪からの距離は約一四五km、車で約二時間と比較的近い。徳島市の地形的特徴や企業活動を事例に、社会システムの脆弱性を読み解き、極度の状況変化による影響を理解するために、二つのVRフィールドワーク映像を作成した。

資料7－5　眉山からの徳島市街地の景色

出所：徳島市 VR フィールドワーク映像。

（3）津波に対する地形的な脆弱性を知る

徳島県は、南海トラフ巨大地震によって被害を受けると想定されている。非常に強い揺れによって、建物が倒壊したり、木造構造物が被害を受け、山腹崩壊や土石流被害が発生する恐れがある。さらに津波が来襲すれば、地震災害と津波災害の二つの災害を同時に受ける「複合災害」となる。最大のケースで死者数が三万一三〇〇人、避難者数は最大で三六万二六〇〇人、全壊棟数が一一万六四〇〇棟と想定されている（徳島県 二〇一三ａ・ｂ）。

徳島市は人口二五万人の自然豊かな地方都市で、徳島県の県庁所在地である。まちの象徴ともいうべき眉山からは町が一望できる。眉山は徳島市街地の西側にある標高二三一ｍの山で、どの方向から見ても眉の形をしているため眉山と呼ばれる。ＶＲフィールドワークでは、阿波踊り会館と徳島眉山天神社に隣接する乗り場からロープウェイに乗り、徳島に関する案内を聞いて、市街地を見下ろしながら眉山に上った。ロープウェイ乗り場は眉山の山裾にあり、山と市街地の境目に線を引けるのではないかと思うくらいに山と市街地が隣接している（資料7－5）。そのため、地震により土砂災害が発生することも想定されている。乗り場から出発すると市街地方面の正面に緑色の丘が見える。城山である。徳島駅の北側にあり、徳島城跡一帯を整備した徳島中央公園の中にある。公園のすぐ北には助任川、徳島市役所を超えて南側には新町川が流れている。

津波が川を遡上してくることを考慮すると、城山が避難場所になっていることは簡単に予想できる。際立って高い建物はなく、目に入る建物で一番高いものは一八階建ての徳島駅ビルである。五階建て以上の建物も多いように見える。仮に五m浸水したとしても、建物が倒壊しなければ上層階に上がることで避難できるかもしれない。ロープウェイの終点である眉山ロープウェイ山頂口展望台から見える徳島市街地は、まるで海とつながっているようである。そのため、南海トラフ巨大地震による津波が眉山の山裾の間際まで到達すると想定されている。したがって、ＶＲで見える広大な市街地はほぼすべてが浸水するといってよいだろう。

資料7－6　新町川を遡行するボートからの徳島市の景色

出所：資料7－5と同じ。

徳島市には吉野川をはじめ大小合わせて一三八もの河川が市内を流れており、徳島市の産業や文化は川の水を利用して発展した。特に中心市街地は、新町川と助任川に囲まれた地域がひょうたんの形に見えることから、市民に「ひょうたん島」の愛称で親しまれている。VRフィールドワークでは、新町川をボートで遡行しながら、ひょうたん島周辺を観察した（資料7－6）。正面に眉山を望みながらボートを走らせていると、川岸には無数の小型ボートが係留されているのが見える。川からすぐの所に建物が並び、橋も水面から高く設置されているわけではない。津波は川を遡上し、係留中のボートが建物の方へ押し流されることも想定しておく必要がありそうである。

(4) VRフィールドワークから伝えたいこと

一般的に、文章を読むだけよりも、写真を見ることでイメージしやすい。それと同様のことが、VRを用いることでもいえる。写真を見るだけよりも、首を上下左右に振りながら立体動画を観察すると、さらにフィールドを理解できるはずである。

本節では、南海トラフ巨大地震による甚大な被害が予想されている徳島市をVRフィールドとして、社会システムの脆弱性を読み解き、極度の状況変化による影響を理解するために、徳島市の地形的特徴や企業活動の事例を紹介した。徳島市をはじめとする徳島県の沿岸域では、人口減少、少子高齢化、過疎化といった社会システムの脆弱性に加え、南海トラフ巨大地震といった自然災害の脅威にさらされている。また過去の大規模災害では、社会システムの脆弱性がより深刻化し、回復が困難になっている地域が多くある。

徳島市だけでなく、全国に同様の課題を抱えている地域がたくさんある。そのような持続の危ぶまれる地域では、社会システムの脆弱性を読み解き、災害による変化を予測することが求められる。また、自助・共助・公助の視点を持ち、社会的価値と経済的価値を両立させるようなアイデア創出やビジネスモデルの提案ができる人材が必要とされている。

5　災害心理

本節では、被災者に生じる心理的変化や、それらが被災者の行動に与える影響などについて説明する。被災者の心理について理解した上で、フィールドワークに臨んでほしい。

(1)　被災者の心理状況

被災した人の心理状況は、時間とともに変化していく（日本赤十字社 二〇〇四）。被災者の心理状況を考える上で、キーワードが二つある。一つ目は被災による心の傷つきである。被災経験をした時に、それが強いストレスとなって様々な影響が生じる。自己あるいは他者の死を意識するような出来事から四週間以内に発症するものを急性ストレス障害（ASD: Acute Stress Disorder）、四週間以降も症状が続く場合を心的外傷後ストレス障害（PTSD: Post-traumatic Stress Disorder）と分類される。

ＰＴＳＤの主な症状として、侵入症状（被災時の不快で苦しい記憶が蘇ってくることなど）、

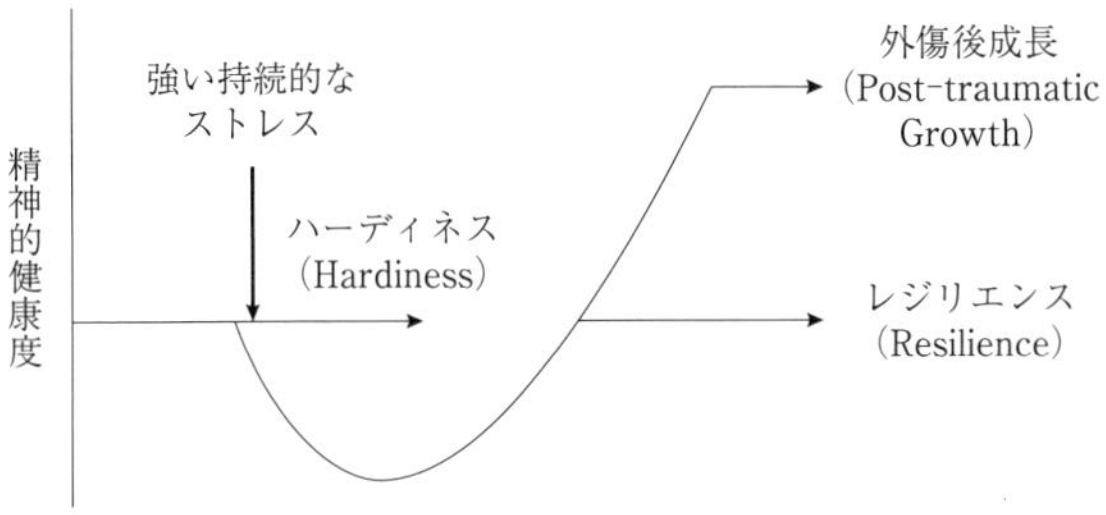

図７-１　心理学におけるレジリエンス
出所：仁平（2014）を一部変更。

回避症状（地震など自分が経験した災害やそれに関係する映像・情報を避けることなど）、認知と気分の陰性の変化（被災時のことを思い出せなかったり、自分を責めたりすることなど）、覚醒度と反応性に著しい変化（寝つけなかったり、睡眠途中に起きてしまったりすることなど）がある。こうした症状は時間とともに減少していくが、症状が長く残る人もいることを理解しておく必要がある。

　災害により多くの人が亡くなることがあるが、そのように死に直面した時に人はどうなるのか。二つ目のキーワードは悲嘆である。私たちは、身近な者が亡くなった時に大きな悲しみ（悲嘆）を感じるが、時間の経過とともに、少しずつ喪失を受け止めることができるようになっていく。その間には、通夜や葬式といった一連の儀式が行われ、残された人が気持ちに区切りを付けていくことになる。ただ、中には六カ月以上悲しみが続いたり、現実を信じられなかったりして、日常生活に支障をきたす場合もあり、これを複雑性悲嘆と呼んでいる（飛鳥井 二〇一二）。

（2） 心理学におけるレジリエンス

心理学においてレジリエンスは、強いストレスや逆境体験から元に戻る力と定義される（図7-1）。例えば、柳が風に吹かれた時にしなることはあるが、簡単に折れることはなく、風が止めば元に戻る。その折れまいとする力をハーディネスといい、元に戻る力をレジリエンスという。

このように、レジリエンスは復元力を意味するが、災害や疾病などの苦難や逆境を経験したことを糧に成長するということもある。これを外傷後成長（PTG: Post-traumatic Growth）といい、欧米で研究が進んでおり、被災者が被災経験の苦難の先に、その経験を活かすことができる可能性として注目されている。

（3） 心のケアのあり方

被災者の心の状態によって、そのケアは大きく三つのレベルに分類され、それぞれの状

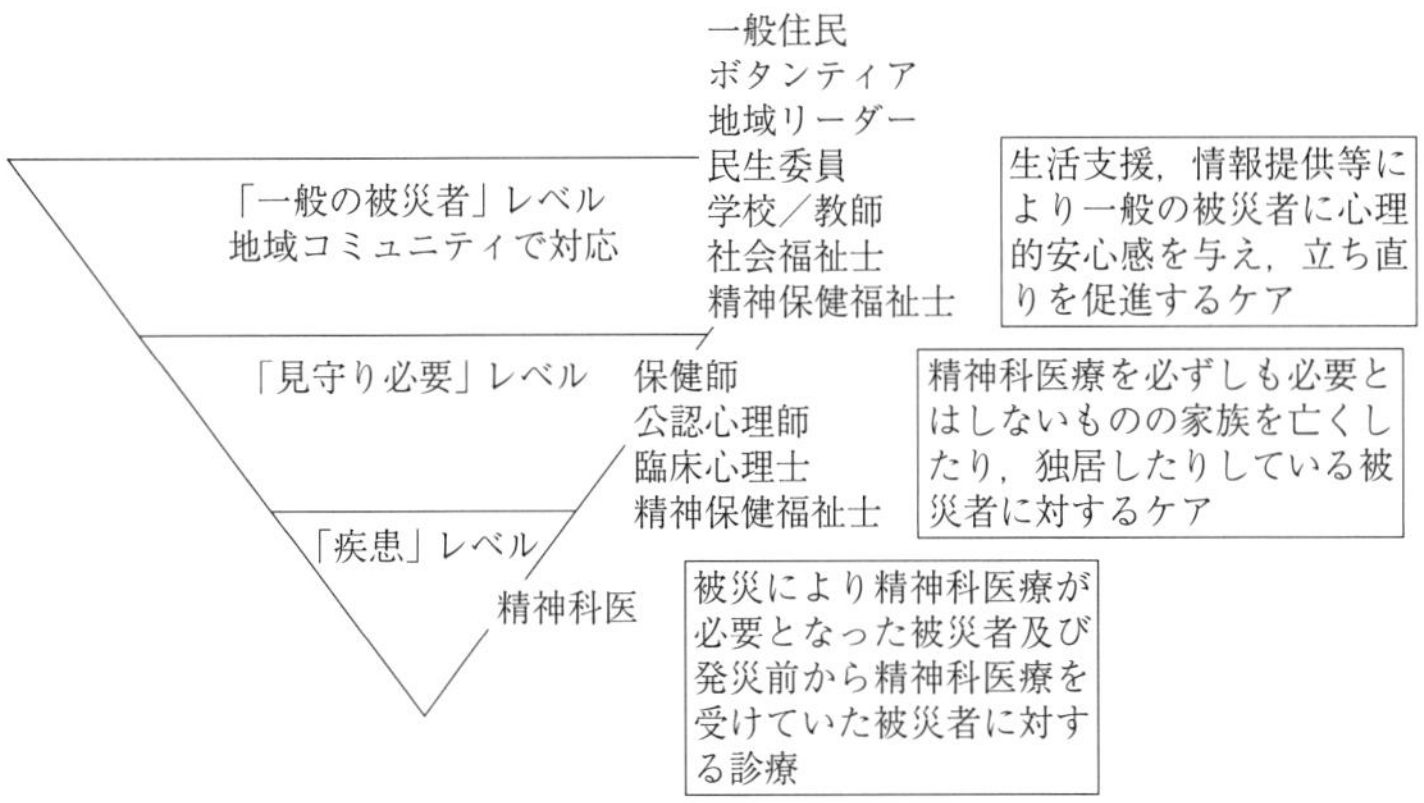

図７－２　こころのケアの種類

出所：内閣府（2012）を一部変更。

態に応じて適切な支援者による介入や関わりが必要とされる。まず、「疾患」レベルでは、被災により精神科医療が必要となった場合の診療と、被災前から精神科医療を受けていた被災者に対する診療が求められ、例えば災害派遣精神医療チーム（DPAT：Disaster Psychiatric Assistance Team）が、これを行うことになる。次に、「見守り必要」レベルでは、精神科医療を必ずしも必要としないが、家族を亡くしたり、独居になったりした被災者などに対して、保健師、公認心理師、臨床心理士、精神保健福祉士などが心のケアにあたる。最後に、「一般の被災者」レベルでは、生活支援や情報提供により被災者に心理的安心感を与えることを目的として、ボランティア、地域の民生委員や教師などが担うことになる（図7－2）。

また、被災時の心のケアには、地域の精神科医や保健師、養護教諭、公認心理師、臨床心理士などがあたるが、それだけでは人手が足らず、他地域から派遣が求められる。例えば、これまでスクールカウンセラーが緊急派遣され、学校・園で幼児・児童・生徒、保護者、教職員に対するカウンセリング・助言指導を行ってきた。しかし、派遣された色々な職種の支援者がそれぞれ別個に活動することが多かったので、今後はこれらの連携が課題である。

他方、震災から時間が経過すると、外部支援は減少していくので、支援の形を工夫しながら、地域の自発性を損なわない支援のあり方が必要であるといえる。

(4) 被災者と関わる時に

被災者に被災時の話を聴く時には、次の注意が必要である。①被災からの経過時間、地域や個人の被災状況など、現在の相手の状況をできるかぎり知った上で臨むようにして、それに配慮する。また、フラッシュバックを起こす可能性などを認識し、対応も考えておく。②話を聴く際には、斜め向かいに座ることで緊張感を和らげたり、相手の話に対してうなずいたりすることも重要である。③できるかぎり相手に共感しつつも、感情に巻き込まれずに自分の感情をコントロールし、自分が話しすぎることがないようにする。そのため、普段よりもゆっくりと話すことが有効である。④事前に話を聴く内容のおおまかなシナリオを用意しておき、相手のペースに合わせて柔軟に対応する。とりわけ、そもそも調査そのものが被災者にとって迷惑であるかもしれないということを心得ておく。相手の反応には注意を向け、話したくないという感情を読み取り、相手の心を傷つけないことが大切である。

6　既存の価値に依存せずにフィールドワークで得たものと向き合う

これまで、災害地フィールドワークの観察とインタビューのアプローチについて、レジリエンスプログラムのフィールドワークを事例に挙げて説明した。フィールドワークで得たデータに触れて、既存の価値判断に依存せずに自らの問いを検証し、ビジネスモデルを再設計してほしい。被災地のニーズに応えるビジネスモデルは、通常のビジネスモデルとは異なる。平常時から、自助・共助・公助のすべての機能を視野に入れて経営資源を調達し、提供するサービスを備えるために、様々なステークホルダーとともに地域づくりを考えることが不可欠である。さらにいえば、復旧・復興を牽引するビジネスは、近未来の防災・減災システムにつながるようにデザインすることが大切である。そうした一つひとつの試みの集大成が、被災からの回復期を、「新しい社会システム」の芽が生まれて育つ時間に置き換えていく営みとなる。

防災・減災に社会を向かわせるビジネスや、平常時のニーズと災害時ニーズの両方のニーズに応えるビジネスは、様々な産業形態で起こりうる。ビジネスのリソースが揃えば、起業のリアリティが出てくる。それらの事業の持続性が見えれば、地域の強みを活かしてスタートを切るビジネスが増えるだろう。フィールドワークで得られた経験を糧に、自分らしいやり方でレジリエント社会の構築への一歩を踏み出してほしい。

フィールドワークの手引き(4)

事前準備

1．保険の加入

「学生教育研究災害傷害保険」および「学研災付帯賠償責任保険」に必ず加入して下さい。

2．下調べ

指定された参考図書を事前に熟読し、基礎知識を得ておくことを強く勧めます。

マナー編

1．あいさつ

レジリエンスプログラムは、多くの方々の協力を得て実施しています。関係者・協力者に積極的にあいさつをしてください。フィールドワーク時には、受入先のみならず、対象となる地域の方々へ積極的にあいさつをするとともに、感謝の気持ちを伝えるようにしてください。

2．行動規範

受入先の方々は、みなさんのために時間をとってくれます。礼節を忘れずに、行動するようにしてください。講義を受けている時には、以下のことには、特に気を付けて下さい。

□話を聴いている時はメモを取る、相槌を打つなど、話しやすい環境をつくること。
□言葉遣いに注意すること。
□携帯電話はマナーモードにする（鳴動しないようにする）こと。
□室内や話を聴いている時は帽子を取ること。
□緊急時を除く携帯電話・スマートフォンの通話、操作は控えること（写真撮影を除く）。
□録音、録画、写真撮影については、事前に許可を取ること。
□秘密保持は徹底すること。

3．服　装

フィールドワーク当日は、気温が高くなったり低くなったりすることも想定されます。調整できる服装で参加することを前提として、適切な服装を心がけましょう。学外での演習や研修に参加する場合、訪問先や受入先によって求められる服装は異なります。ぜひ、普段からＴＰＯ*に合わせた服装を考える習慣を付けてください。

□動きやすい服装で参加すること。ただし、ジャージ、スウェット、スカート、ダメージデニム（穴あき）などは不可。

□露出部分の多い服装は避けること（まち歩きの際に危険）。

□スニーカー等、歩きやすい靴で参加すること（かかとが高い靴、指が露出している靴〔ミュール、サンダル、クロックス等〕は不可）。

□香水は避ける。また香りの強い整髪料、化粧品なども避けること。

□風邪や体調不良の場合以外は、マスクを外すこと（なお、新型コロナウイルス感染症の対策に必要な場合はマスクを着用すること）。

□派手なネイルまたは長いネイルは避けること（安全面も含めて）。

□華美なアクセサリー類は避けること（安全面も含めて）。

＊TPO（Time, Place, Opportunity）――時間や場所、場合に応じた服装や立ち居振る舞いの使い分け。社会人の基本的マナーの一つ。

4．持ち物

次の物については必ず持参して下さい。行程によって必要な持ち物が異なることがあります。必ず同じチームのメンバー同士で確認し、十分に共有してください。

□筆記用具、メモ帳

□飲み物（こまめに水分補給し、熱中症などに気を付ける）

□折りたたみ傘、レインコートなどの雨具（場所によっては、大人数で傘をさして歩くことができないこともあります）

□記録用カメラ（スマートフォンでも可）※必ず事前に撮影の許可を取ること
□身分証明証（学生証）
□保険証
□帽子
□酔い止め、持病の薬など（体調管理の必要に応じて）

注

（1）津波対策に対する堤防に関する考え方としてレベル１（Ｌ１）、レベル２（Ｌ２）などと区分している。区分については津波の高さや頻度に応じたものとなっており、レベル１は数十年から数百年に一回程度の頻度で発生する巨大津波を想定しており、海岸構造物などを整備することで、被害を出さない防災を目標とする。レベル２は数百年から千年に一度程度発生する極めて低頻度の巨大津波を想定しており、海岸構造物による防災に留まらず、避難行動や各種津波被害を低減する措置（多重防災）によって減災を目標とするものである。

（2）宮城県気仙沼市唐桑町大沢地区における復興まちづくりは、二〇二一年日本建築学会賞（業績）復旧復興特別賞を受賞している。

（3）以下の内容は、友渕ら（二〇二三-b）がこれらの取り組みを継続的に支援する中で得た情報を基に記述したものである。大沢地区に関する一連の研究報告は筆者の博士論文として記述しているので、ご参照頂きたい（友渕 二〇二三）。

（4）宮城大学「地域フィールドワーク講義資料二〇一九年度版」を筆者らが改変。

参考文献

飛鳥井望（二〇一二）「喪失／死別による複雑性悲嘆からの回復のために認知行動療法を活用する」『臨床心理学』一二（二）、二〇六‐二一一頁。

石巻市（二〇一一）「石巻市雄勝総合支署管内に係る被害状況について（り災世帯数八月一八日現在）」。

石巻市（二〇二三）「被災状況（人的被害）令和五年二月末現在」。

磯村和樹・槻橋修・友渕貴之・鈴木伸治・竹内昌義・渡部桂・西澤高男（二〇二二）「東日本大震災の集落復興過程における地域住民への復興関連情報の共有手法に関する研究――宮城県気仙沼市大沢地区における建築学生ボランティア等による『大沢復興ニュース』の発行」『日本災害復興学会論文集』二〇、四〇‐四九頁。

大川小学校事故検証委員会（二〇一六）「大川小学校事故検証報告書（概要）」。

女川町（二〇二三）「震災復興のあゆみ」（女川町HP、二〇二三年一〇月三日アクセス）。

女川町・土井英貴（二〇二一）「宮城県女川町公民連携による復興まちづくり」二〇二一年九月一八日講義資料。

加藤知愛（二〇二一）「災害復旧・復興を担う人材育成プログラムの構築」『年報　公共政策学』一五、六三‐八五頁。

気象庁（n. d.）「南海トラフ地震について」（https://www.data.jma.go.jp/svd/eqev/data/nteq/、二〇二二年七月九日アクセス）。

国土交通省（二〇一一）「東日本大震災の被災状況に対応した市街地復興パターン概略検討業務（その一〇）気仙沼市　調査総括表（一〇／一二）」（https://www.mlit.go.jp/toshi/toshi-hukkou-arkaibu.html、二〇二一年九月一〇日アクセス）。

国土地理院（二〇一一）「津波による浸水範囲の面積（概略地）について（第五報）」。

消防庁（二〇二三）「平成二三年（二〇一一年）東北地方太平洋沖地震（東日本大震災）の被害状況（令和五年三月一日現在）」。

徳島県（二〇一三ａ）「徳島県南海トラフ巨大地震被害想定（第一次）の公表について」（https://anshin.pref.tokushima.jp/docs/2013071900016、二〇二四年一月一二日アクセス）。

徳島県（二〇一三ｂ）「徳島県南海トラフ巨大地震被害想定（第二次）の公表について」（https://anshin.pref.tokushima.jp/docs/2013112100023、二〇二四年一月一二日アクセス）。

友渕貴之（二〇二三）「津波被災地域の居住地再生プロセスの実態と多主体協働による復興計画の評価に関する研究——宮城県気仙沼市唐桑町大沢地区の復興集落モノグラフ」神戸大学大学院博士論文（工学）。

友渕貴之ら（二〇一五）「震災後の残存住宅及びその居住者が果たした役割——震災直後から仮設住宅入居に至るまでの避難実態に着目して」『日本建築学会住宅系研究報告会論文集』一〇、九三‐一〇〇頁。

友渕貴之ら（二〇二三‐ａ）「津波被災地における恒久住宅に至る居住動向の実態と特性——宮城県気仙沼市唐桑町大沢地区の事例」『日本建築学会計画系論文集』八八（八一一）、二五〇五‐二五一六頁。

友渕貴之ら（二〇二三‐ｂ）「東日本大震災による被災集落の再生プロセスに関する研究（その一）——住民組織と活動内容の変遷に着目して」『日本建築学会計画系論文集』八八（八〇九）、二一三九‐二一五〇頁。

内閣府（二〇一一）『ぼうさい　夏号（特集　東日本大震災）』六三。

内閣府（二〇一二）「被災者のこころのケア都道府県対応ガイドライン」（https://www.bousai.go.jp/taisaku/hisaisyagyousei/pdf/kokoro.pdf、二〇二三年九月四日アクセス）。

内閣府「防災情報のページ」（https://www.bousai.go.jp/updates/index.html、二〇二二年七月一日アクセス）。

内閣府政策統括官（防災担当）（二〇一九）『南海トラフ巨大地震の被害想定について（建物被害・人的被害）』（https://www.bosai.go.jp/jishin/nankai/Taisaku_wg/pdf/1_sanko2.pdf、二〇二四年一月一二日アクセス)。
内閣府編（二〇一九）『防災白書 令和元年版』（https://www.bousai.go.jp/kaigirep/hakusho/h31/honbun/0b_1s_01_04.html、二〇二二年七月一日アクセス）。

日本赤十字社（二〇〇四）「災害時のこころのケア」（https://www.jrc.or.jp/saigai/pdf/care2.pdf、二〇二三年九月四日アクセス）。

仁平義明（二〇一四）「レジリエンス研究の現在」『児童心理』六八（一一）、九〇九‐九一六頁。

農林水産省（二〇一〇）「国税調査　男女・年齢別人口（平成二二年）」。

農林水産省（二〇一五）「国税調査　男女・年齢別人口（平成二七年）」。

復興庁（二〇一二）「公共インフラに係る復興施策【平成二四年五月一八日】宮城県石巻市」。

箕浦康子編著（一九九九）『フィールドワークの技法と実際――マイクロ・エスノグラフィー入門』ミネルヴァ書房。

箕浦康子編著（二〇〇九）『フィールドワークの技法と実際Ⅱ――分析・解釈編』ミネルヴァ書房。

宮城県（二〇二三）「みやぎ復興のたび」（ＷＥＢ記事、二〇二三年一〇月三日アクセス）。

矢守克也（二〇一〇）『アクションリサーチ――実践する人間科学』新曜社。

EARTH on EDGEコンソーシアム事務局 EDGE-NEXT企画推進室（二〇二〇）「復興プロセスを振り返って考える未来のレジリエンス――神戸・東北・北海道を巡る 報告書」東北大学院工学系研究企画室。

EARTH on EDGEコンソーシアム事務局 EDGE-NEXT企画推進室（二〇二一）「復興プロセスを振り返って考える未来のレジリエンス――〝眼前の事態〟を捉えて新しいレジリエンスを提案する 報告書」東北大学院工学系研究企画室。

おわりに

災害大国といわれる日本は、有史以前から近年に至るまで様々な大災害から直接的・間接的・複合的な被害を受けてきた。二〇二〇～二〇二二年に大流行した新型コロナウイルス感染症や二〇二四年元日の能登半島地震による被害、そして今後起こるとされている南海トラフ巨大地震等の予想被害を考えると、災害のダメージを回避することは未来においても難しいかもしれない。私たちの住む社会のシステムは過去、現在、未来を通して常にダメージを受けているといえる。そのダメージからの回復には、破壊され損傷を受けた社会の機能を元のレベルに回復する通常の〝復興〟のみならず、ダメージを受ける前から社会システムが抱える脆弱性を理解し、発災前とは異質な機能を持つような新しい社会を創る〝創造的復興〟の実現を牽引するソーシャル・イノベーションの役割はとても大きいだろう。

本書では、大規模な自然災害で受けたダメージから社会を創造的に復興する人材を「レジリエンス人材」と定義した。そして、その人材が持つべき五つのスキルである、①極度の状況変化を予測する、②社会システムの脆弱性を理解する、③問題を設定する、④自助・共助・公助を資本として課題・解決策を考える、⑤社会的価値と経済的価値を両立することを「ソーシャル・イノベーションの教科書」と題してまとめたものである。災害を受けた地域社会の復旧・復興においては、ボランティアの方々の多大な努力や犠牲、公的機関による様々な支援は尊く、かつ多くの人々が求めるものである。

一方で、地域の未来を新しく創っていくのは、ダメージを受けた地域に生きる人間、あるいはその地域で生きていこうとする人間が主体となるであろう。ボランティアやプロボノの方々の支援を受けながら、あるいは受けた後には、復興の主体となる人間は、被災地域に社会的価値を与える事業を〝継続〟していく必要がある。この持続性を担保するためには、考える事業が持つべき経済的価値も重要視しなければならない。復興の主体となる人間は、自らが愛着を持つ社会、そして愛する人間が生きていく土地・社会をより良いものにしていく、この気持ちを持つ人間であり、その人間はすべからく〝ソーシャル・イノベーター〟であり、どんなダメージを受けてもしなやかに、そしてこれまで以上により良い社会を創る〝レジリエンス人材〟であるといえる。

第1章では、私たちが開発した教育プログラム「レジリエント社会の構築を牽引する起業家精神育成プログラム（Entrepreneurship Program for Resilient Society）（詳細はホームページを参照、https://resilience-edu.jp/）の基本コンセプトである「レジリエンス」とは何かについて説明した。「レジリエンス」とは様々な分野・セクションごとに様々な解釈がある。その言葉の多義性を理解しながら、私たちが伝えるための基本について説明したつもりである。

その基本コンセプトに基づいて、第2章から第6章までは、「レジリエンス人材」が持つべき五つのスキルについて記した。これらのスキルは、本書を読むだけで身に付くものではない。読者の皆さんには、ぜひ実社会の中に飛び込んでいき、社会の現状を観察し、自らの興味・関心に基づいて解決すべき（したい）問題の認識・遂行すべき課題の設定を実践してみてほしい。それが五つのスキルを身に付ける場となり、本書でいうところの「フィールドワーク」である。現実の社会を観ながら、社会にどのような価値を与えるか、与えたいのか、それを自らの中でじっくり考え、その考えを様々な視点や知識を持つ仲間と共有して、新しい価値を〝共創〟する経験を重ねていく。これが五つのスキルの習得につながるコツとなる。

第7章では、私たちのプログラムでの特徴の一つにもなっているフィールドワークについて、フィールドワーカーが持つべき心構え、そして教育プログラムを設計する教育関係者が考える学びのポイントなどについて触れた。

問題を設定するためには、目の前の事象だけをみればよいのではなく、事象の背後に存在するモノ・コトを如何にして捉え、解くべき問題を設定するか、を意識する必要がある。それを可能にするアプローチとして、第2章で説明した、未来視点（シミュレーション）や過去視点（歴史から学ぶ）で物事を観ること、第3章での物事をシステムとして全体俯瞰・多視点で観ることについて紹介した。このように空間的・時間的な拡がりの中で問題を認識することは、教室・研究室などの屋内で関連する資料を見るだけでは不十分である。だからこそ、現実社会を観ながら五つのスキルに関連する力を高めてほしい。

常に自然災害のリスクに曝されている日本、もちろんリスクに曝されているのは日本だけでなく世界各国も同じであるが、災害大国と呼ばれる日本という〝場〟は、社会のレジリエンスを高める〝レジリエンス人材〟が育つための様々な要素を備えている。日本から世界へ、グローバルに活躍できるレジリエンス人材が本書の読者から生まれてくることが教育に携わる者として最高の喜びであり、共に活躍できる仲間が増えていくことに大きな期待を持つものである。読者の皆様が未来を創るための一助になれば幸いである。

末尾になるが、本書の出版にあたり、私たちのチームのわがままなお願いに応えてくださり、私たちの稚拙な文章を校正から出版に至るまで、ひとかたならぬご尽力を賜った株式会社ミネルヴァ書房編集部の音田潔氏に心から感謝申し上げます。

二〇二四年三月

鶴田宏樹

索　　引

あ　行

アフターサービス　161
安政南海地震　32
アントレプレナー　11
五つのスキル　3, 16
イノベーション　11
因果関係　46, 81, 83
インサイト　190
インタビュアー　179
インタビュイー　179
インタビュー　181, 184
インフルエンザ　56
エアロゾル　52
大川小学校　198
大川地区　195
大沢地区（気仙沼市）　195
大沢復興ニュース　205
大沢まちづくり会議　205
大沢みらい集会　205
雄勝小学校　197
雄勝町（石巻市）　195, 207
女川町　195
女川町復興連絡協議会　200
女川みらい創造株式会社　201

か　行

解決策の立案　13
解決するための方向性　107
外傷後成長　→ PTG
階層　70, 71
　——性　64
外部環境　170
回復力　2
買い物　116
　——弱者　118
　——難民　118
価格　162
課題・解決策の設定　16
価値共創　92
価値提案　158
過度な技術偏重　165
観察する　180
間接被害　27, 44, 46, 96
起業当初　166
規制　171
基礎自治体優先の原則　112
寄付の持続性　136
寄付の成長性　136
ギャップ（問題）　93, 96
　——の設定　13
急性ストレス障害　→ ASD
教育環境　121
競合・類似のビジネス　172
共助　20, 110, 117, 125, 184
強靱性　2
極度の状況変化　5, 12, 15, 27, 40, 41, 45, 85, 92
　——による影響　12, 19
巨大防潮堤　209
熊本地震　28
クラウドファンディングの持続性　136
クラウドファンディングの成長性　136
経営資源　166

経済規模　121
経済的価値　16, 20, 132
経済的資源　123
形態　72
健全性　5
コアコンセプト　180
公助　20, 110, 117, 125, 184
　――の限界　133
港湾施設　44
顧客　156
心のケア　220
個人的なつながり　122
コミュニティ　114, 203, 207
コンセプトの検証　13
コンテキスト　64, 74, 87
コンピュータシミュレーション　34, 35, 38, 39, 85

さ　行

災害危険区域　209
災害＝極度の状況変化×脆弱性　85
災害後の医療需要　49
災害時の自助・共助・公助　117
災害心理　218
災害地フィールドワーク　178
災害による変化を予測するスキル　217
サブスクリプション　164
三助　110
　――の脆弱性　116, 118, 123
三陸海岸地域　31
事業　135
　――・ビジネスの模倣　162
　――案の設計　13
　――創出のプロセス　11
　――立案のプロセス　18
資金・原料の調達　171
資源創出　137
自己効力感　3
自助　20, 110, 117, 125, 184
自助・共助・公助のありよう　124
地震の破壊力　42
システム　64
　――アーキテクチャ　76
　――思考　68
　――の境界　74
　――の脆弱性　86
　――思考の抽象度　64
自然災害　27, 28, 53
持続可能な開発目標　→ SDGs
自尊心　3
市町村合併　113
実現性の検証　170
市民生活　115
　――の問題解決　116
社会システムの脆弱性　13, 15, 217
社会的価値　16, 20, 132
社会の変化　172
収益モデル　163
収束的思考　18, 21
住宅再建　205
従量課金　163
シュルツ，ハワード　159
状況　93
消費行動　115
商品・サービスの機能　160
昭和の大合併　114
食料品アクセス問題　118
新型コロナウイルス　50
　――感染症　49, 58
新技術の登場　171
新奇性　148
震災遺構中浜小学校　210
人材の調達・確保　172
心的外傷後ストレス障害　→ PTSD
人的資源　123

ステークホルダー　166
——の属性と動機　105
成果報酬　163
政策イノベーション　127
政策の窓　127
製造小売　169
成長ステージ　166
セグウェイ　138
接触感染　51
全球モデル　34
選択肢の少なさ　121
選択と集中　135
創造的復興　5, 10
創発　66
組織体制　162
ソーシャル・キャピタル　122
ソーシャルビジネス　127

た　行

ターゲット　159
高台移転　208
建物の抵抗力　42
ダブル・ダイアモンド　17, 19
多様な関係者との連携・協働　119
弾（力）性　2
地域でのネットワーク　118
地域のレジリエンス　128
地方の周縁部　121
地方分権化　112
直接被害　27, 45, 46, 48, 96
直販　169
津波　29
デジタルツイン　37
デジタルトランスフォーメーション　38
当事者意識　21
都市と地方　120
都市丸ごとのシミュレーション　36
取り組み（課題）の設定　13

な　行

南海トラフ巨大地震　212
ニーズ　156
日常の食糧調達　121
認知・集客　164

は　行

発散的思考　18, 21
阪神・淡路大震災　28, 42, 45, 124
ヒアリング　184
東日本大震災　28, 48, 54, 95, 97, 125
非可住地域　208
被災者　222
ビジネス　135
——案の設計　13
——モデル　223
——立案プロセス　18
避難生活期間　209
避難場所　125
飛沫感染　51
フィールドにおける倫理　182
フィールドワーカー　179
フィールドワーク　180, 191, 211
復元力　2
復旧・復興を牽引するビジネス　224
復興まちづくり　203
部分所有　163
フランチャイズ　169
ブレーンストーミング　148
プレハブ仮設　206
分権化定理　127
平時の自助・共助・公助　117
平成の大合併　113
防災集団移転促進事業　196
法律　171
補完性の原理　111, 117

ボランタリーチェーン　170
ボランティア　124

ま　行

マイルストーン　147
まちづくり会社　201
見た目万能主義　165
未来社会のイメージ　142
明治の大合併　113
漏れなくだぶりなく　64, 71
問題　92, 93
　——解決の受益者　105
　——構造の「深さ」　100
　——の構造　97, 98, 104
　——の深さ　98
　——の本質　100
　——を設定する　15, 20
　——を「多視点」で見る　100

や　行

要素　65, 69, 73-78
　——の因果関係　81
より良い復興　28

ら　行

ライセンシング　164
レヴソン，チャールズ　159
歴史資料　30
　——自体の保全　33
　——自体の保存修復　33
レジリエンス　ii, 2, 122, 220
　——人材　94
　——の概念モデル　5
　——ビジョン　142, 180
　——プログラム　192
レジリエント社会　12
　——の構築　123, 128
ロジックツリー　71

欧　文

ASD　218
COVID-19　→新型コロナウイルス感染症
DX　→デジタルトランスフォーメーション
Fractional Ownership　→部分所有
Make to Order　170
MECE　71
NPO　120, 122
OEM　168
Pay What You Want　163
PLETECH　87, 101-103
PTG　220
PTSD　218
SARS-CoV-2ウイルス　49
SDGs　ii
Society5.0　38
VR フィールドワーク　216

著者紹介（執筆順，所属，執筆分担）

武田《たけだ》浩太郎《こうたろう》（宮城大学事業構想学群特任准教授：はじめに）

鶴田《つるた》宏樹《ひろき》（神戸大学バリュースクール准教授：第１章・第２章２・第４章・おわりに）

祇園《ぎおん》景子《けいこ》（神戸大学バリュースクール准教授：第１章・第３章）

石田《いしだ》　祐《ゆう》（関西学院大学人間福祉学部教授：第１章・第５章）

三上《みかみ》　淳《じゅん》（神戸大学バリュースクール客員准教授・かもめソリューションズ代表：第１章・第６章）

松下《まつした》正和《まさかず》（神戸大学地域連携推進本部特命准教授：第２章１(1)）

大石《おおいし》　哲《さとる》（神戸大学都市安全研究センター教授：第２章１(2)）

大路《おおじ》　剛《ごう》（神戸大学都市安全研究センター准教授：第２章３）

友渕《ともぶち》貴之《たかゆき》（宮城大学事業構想学群助教：第５章・第７章３）

加藤《かとう》知愛《ともえ》（北海道大学公共政策学連携研究部附属公共政策学研究センター学術研究員：第７章１・２・６）

阿部《あべ》晃成《あきなり》（宮城大学基盤教育群特任助教：第７章３）

金井《かない》純子《じゅんこ》（徳島大学理工学部講師：第７章４）

北岡《きたおか》和義《かずよし》（徳島大学教養教育院准教授：第７章４）

齊藤《さいとう》誠一《せいいち》（大阪信愛学院大学教育学部教授：第７章５）

編者紹介

「レジリエンス人材」育成プログラム開発チーム

本チームは，文部科学省「次世代アントレプレナー育成事業（EDGE-NEXT）」（2017～2021年度）及び文部科学省「大学発新産業創出プログラム（START）」（2021～2025年度）の支援を受け，ソーシャルアントレプレナー育成プログラムの開発と実施を目的とした，東北大学，宮城大学，北海道大学，小樽商科大学，神戸大学，徳島大学，新潟大学，関西学院大学のさまざまな専門分野の教員で構成された異分野共創型のチームである。大規模複合災害からの復興を実現する事業・ビジネスのアイデアを創出する「レジリエント社会の構築を牽引する起業家精神育成プログラム」や地域社会との対話と検証を通じ，ソーシャル・アントレプレナーとしての実践知を高める「価値検証フィールドワーク」などの開発を行っている。

ソーシャルイノベーションの教科書
——災害に強いレジリエント社会を創る——

2024年３月30日　初版第１刷発行　〈検印省略〉

定価はカバーに
表示しています

編　者　「レジリエンス人材」育成プログラム開発チーム
発行者　杉　田　啓　三
印刷者　江　戸　孝　典

発行所　株式会社　ミネルヴァ書房
607-8494 京都市山科区日ノ岡堤谷町１
電話代表（075）581-5191
振替口座 01020-0-8076

共同印刷工業・新生製本

ISBN978-4-623-09631-2
Printed in Japan